LIMITAÇÕES CONSTITUCIONAIS À INSTITUIÇÃO DE CONTRIBUIÇÕES DE SEGURIDADE SOCIAL

JOÃO ERNESTO ARAGONÉS VIANNA

Bacharel em Direito pela UFRGS e Mestre em Direito Previdenciário pela PUC/SP. Foi Procurador-Geral do INSS e Consultor Jurídico do Ministério da Previdência Social. É Procurador Federal, Professor de Direito Previdenciário da ESMAFE/RS e diversas instituições de ensino. Autor de Curso de Direito Previdenciário, publicado pela LTr, artigos e palestras na área. E-mail: joaoernestoaragones@yahoo.com.

LIMITAÇÕES CONSTITUCIONAIS À INSTITUIÇÃO DE CONTRIBUIÇÕES DE SEGURIDADE SOCIAL

EDITORA LTr®
SÃO PAULO

Dados Internacionais de Catalogação na Publicação (CIP)
(Câmara Brasileira do Livro, SP, Brasil)

Vianna, João Ernesto Aragonés
Limitações constitucionais à instituição de contribuições de seguridade social / João Ernesto Aragonés Vianna. — São Paulo : LTr, 2007.

Bibliografia
ISBN 978-85-361-0899-5

1. Brasil — Constituição (1988) 2. Contribuições previdenciárias — Brasil 3. Direito constitucional tributário — Brasil 4. Seguridade — Brasil
I. Título

06-7096 CDU-342:336.2:369.044(81)

Índices para catálogo sistemático:

1. Brasil : Contribuições de seguridade social: Limitações à instituição : Direito constitucional tributário 342:336.2:369.044(81)

Produção Gráfica e Editoração Eletrônica: **RLUX**
Capa: **FÁBIO GIGLIO**
Impressão: **VIDA E CONSCIÊNCIA**

(Cód. 3348.5)

LTr

EDITORA LTDA.

Rua Apa, 165 — CEP 01201-904 — Fone (11) 3826-2788 — Fax (11) 3826-9180
São Paulo, SP — Brasil — www.ltr.com.br

Março, 2007

Dedicatória

Aos meus pais, Bárbara Aragones *e* Hugo Maciel Vianna,
sem os quais eu não teria chegado até aqui.

Agradecimentos

Sinceros agradecimentos aos Professores Doutores Antônio Carlos Mendes, Elizabeth Nazar Carrazza, Marcelo Figueiredo, pela experiência extraordinária que me proporcionaram na PUC/SP e, em especial, ao Professor Doutor Wagner Balera, Orientador e Colega sempre presente nos meus estudos previdenciários

Sumário

Neste trabalho, o Autor pretendeu conciliar as duas disciplinas que, de certo modo, influenciam a dinâmica da seguridade social. Trata-se do Direito Previdenciário e do Direito Tributário.

É fora de dúvida, como fazia questão de recordar *Geraldo Ataliba*, que os ramos do Direito só possuem autonomia meramente didática. Mas, ninguém desconhece, há institutos próprios que, por sua peculiaridade, só ganham pleno sentido à luz dos conceitos e fórmulas cunhados pela especialidade jurídica que com os mesmos trabalha mais intensamente.

Percebeu o Autor que a problemática do financiamento da seguridade social não pode ser compreendida, em sua inteireza, sem que fiquem bem demarcadas não apenas a natureza jurídica das contribuições sociais que lhe dão suporte, tema sempre tormentoso e cujo deslinde já encontrou vacilações tanto na doutrina como na jurisprudência, como, também, a rigidez das limitações constitucionais ao poder de tributar, postas ao legislador quando da criação dessas modalidades de tributos.

O ponto alto do trabalho, no meu entender, consiste na percepção da existência do nexo necessário que há de existir entre contribuintes e finalidade da contribuição, na linha do pensamento de *Ataliba* que foi quem, por primeiro, percebeu entre nós essa referibilidade institutiva. O fenômeno, como percebe o Autor, não é distinto no capítulo das limitações que guardam, implícita essa limitação, além daquelas que o constituinte ressaltou com letra de forma.

Em suma, o trabalho de *João Ernesto Aragonés Vianna* é, sem dúvida, mais um valioso contributo a essa melhor compreensão, pelos tributaristas e previdenciaristas, do fenômeno contributivo no seu todo considerado. Dessa compreensão, aliás, dependerão — de futuro — os entendimentos da jurisprudência a respeito, jurisprudência essa que, data vênia, ainda não percebeu que por detrás de cada uma das contribuições sociais deve existir, necessariamente, um plano de custeio que lhes dê suporte e que seja apto a garantir, em caráter permanente, o equilíbrio financeiro e atuarial do sistema brasileiro de proteção social.

Este livro, originalmente apresentado como Dissertação de Mestrado perante a Pontifícia Universidade Católica de São Paulo, se acrescenta à bibliografia do Autor como mais um tijolo na edificação que vem construindo pacientemente, inaugurada com o Curso que lançou oportunamente.

Revela, ainda, que sem embargo das inúmeras atividades a que se dedica — todas com reconhecida competência, seja no campo da Advocacia Pública, na qual já desempenhou as relevantes funções de Procurador-Geral do INSS e de Consultor Jurídico do Ministério da Previdência Social, seja no campo do Magistério Superior, não apenas na Escola da Magistratura Federal do Rio Grande do Sul como em inúmeras outras instituições de ensino —, o Autor não descura dos seus deveres acadêmicos, deveres esses que a comunidade espera sigam sendo cumpridos para o necessário incremento do saber científico na seara da seguridade social, especialmente no tema do financiamento.

Apresento este estudo com grande satisfação. Não tanto por ver concluído um trabalho que acompanhei *pari passu*, mas, principalmente, por perceber que inquietação intelectual do Autor fez com que aceitasse o desafio que ele mesmo se impôs e estudar, com proficiência, um tema que apresenta não poucas dificuldades.

Professor Doutor *Wagner Balera*
Titular da Faculdade de Direito da
Pontifícia Universidade Católica de São Paulo

Limitações constitucionais à instituição de contribuições de seguridade social, como o próprio nome já adianta, é um trabalho por meio do qual busca-se a existência, no Texto Constitucional, de limitações outras aplicáveis àquelas contribuições além das clássicas limitações constitucionais ao poder de tributar.

O trabalho procura estudar os aspectos tributários das contribuições, em especial das contribuições sociais de seguridade social, considerando todo o Corpo Constitucional, dando ênfase ao princípio da unidade da Constituição, superando a tendência verificada em grande parte da doutrina no sentido de dar supremacia às normas jurídicas do sistema tributário nacional em detrimento daquelas contidas no sistema de seguridade social.

Para o desenvolvimento do raciocínio, é mister uma breve análise histórica da seguridade social, ainda mais considerando-se que estamos diante de um direito de luta, onde a realidade social não pode ser descurada.

O enfoque da seguridade social como sistema envolvendo ações nas áreas de saúde, previdência e assistência social, com os princípios atinentes a cada um também é abordado.

Com a finalidade de apresentar conclusões que dependem do estudo do Direito Tributário, a obra, como não poderia deixar de ser, dedica um capítulo ao estudo do sistema constitucional tributário brasileiro, com considerações próprias da Teoria Geral do Direito, inclusive com a apresentação de uma classificação própria para as diversas espécies tributárias.

Já no estudo das contribuições — gênero, do qual são espécies as contribuições sociais, de intervenção no domínio econômico e de interesse das categorias profissionais ou econômicas — é dado ênfase à natureza jurídica das contribuições e à finalidade constitucionalmente determinada que é ínsita ao seu gênero e constitui a grande novidade que a Constituição de 1988 associou às contribuições. Versando o trabalho sobre contribuições de seguridade social, é dedicado um capítulo inteiro ao estudo de cada uma dessas contribuições, bem como as suas notas características que, de forma inarredável, as distinguem dos impostos e das taxas.

Por fim, no estudo das limitações propriamente ditas, são apresentados conceitos que permitem claramente distinguir princípios, limitações, imunidades, isenção e não-incidência, pois a fixação de conceitos revela-se fundamental para o desenvolvimento do raciocínio científico. Após breve tópico sobre a relevância das limitações, onde é lembrada a afirmação do Juiz *Marshall* no sentido de que 'o poder de tributar é o poder de destruir', o trabalho ingressa no estudo de cada uma das limitações constitucionais ao poder de tributar, tanto gerais como especiais de seguridade social, inclusive a necessidade de correlação lógica entre os contribuintes e a finalidade da contribuição.

1. Seguridade Social

1.1. Conceito

A Constituição Federal constitui o ponto de partida para o cientista do Direito, sobretudo no estudo do direito tributário e do direito da seguridade social; por isso, o conceito de seguridade social deve ser extraído da própria Carta, laborando em erros graves e freqüentes aquele que buscar outro caminho.

Importa observar que toda construção doutrinária é elaborada com fundamento num determinado sistema normativo, daí a atenção redobrada do estudioso com as meras 'importações' das doutrinas alienígenas, as quais, se contribuem muito para o estudo do Direito como ciência universal, não cruzam fronteiras sem sofrer adaptações.

Nesse sentido *Marco Aurélio Greco*:

> *Por isso, é preciso tomar imensa cautela para que as afirmações doutrinárias emanadas num determinado contexto normativo, e em razão de específicos problemas, não assumam o caráter de "verdades absolutas", incontrastáveis. Nesse ponto, é pertinente lembrar a premissa de Susan Haack de que "nenhuma afirmação é imune a revisão à luz da experiência". Isso também se aplica às afirmações jurídico-doutrinárias.*(1)

Nossa Carta Política abarca a seguridade social sob a forma de sistema.

Del Vecchio, em seu ensaio *Sobre a estatalidade do direito*, afirma que:

> *Cada proposição jurídica em particular, mesmo podendo ser considerada também em si mesma, na sua abstratividade, tende naturalmente a se constituir em sistema. A necessidade da coerência lógica leva a aproximar aquelas que são compatíveis ou respectivamente complementares entre si, e a eliminar as contraditórias ou incompatíveis. A vontade, que é uma lógica viva, não pode*

---

(1) *Contribuições: uma figura sui generis*, p. 51.

desenvolver-se também no campo do Direito, a não ser que ligue as suas afirmações, à guisa de reduzi-las a um todo harmônico.[2]

Sistema é, para nós, um conjunto organizado onde cada parte, além de ter sua própria função, depende e condiciona as outras partes que, no todo, relacionam-se entre si. É dizer, como *Del Vecchio*, que as partes são complementares entre si.

Nos termos do art. 194 do Diploma Fundamental, a seguridade social compreende um conjunto integrado de ações de iniciativa dos Poderes Públicos e da sociedade, destinadas a assegurar os direitos relativos à saúde, à previdência e à assistência social, com fundamento nos seguintes princípios: universalidade da cobertura e do atendimento; uniformidade e equivalência dos benefícios e serviços às populações urbanas e rurais; seletividade e distributividade na prestação dos benefícios e serviços; irredutibilidade do valor dos benefícios; eqüidade na forma de participação no custeio; diversidade da base de financiamento; e caráter democrático e descentralizado da administração, mediante gestão quadripartite, com participação dos trabalhadores, dos empregadores, dos aposentados e do Governo nos órgãos colegiados.

Wagner Balera, a respeito, afirma que '*arrumadas em sistema, as três partes que compõem o arcabouço — saúde, previdência social e assistência social — devem proporcionar, a todos, seguridade social*'.[3]

Mas o constituinte de 1988, ciente das dificuldades do Estado Brasileiro, não deixou a seguridade social, exclusivamente, nas mãos dos Poderes Públicos.

Com efeito, nos termos do *caput* do art. 194, já citado, '*a seguridade social compreende um conjunto integrado de ações de iniciativa dos Poderes Públicos e da sociedade (...)*'. A expressão 'sociedade', aí, é empregada em oposição a Poderes Públicos, é dizer, em oposição aos governos em suas diversas esferas — municipal, estadual e federal. Dessa forma, a própria Constituição de 1988 convoca a sociedade, em suas diversas manifestações, para integrar o sistema de seguridade social.

A seguridade social tem por objetivo propiciar ao indivíduo a superação de um estado de necessidade social gerado por uma contingência social — ou risco social.

---

(2) *Apud* Norberto Bobbio, *Teoria do ordenamento jurídico*, p. 75.
(3) Cf. *Sistema de seguridade social*, p. 13.

Baltazar e *Rocha* ensinam que:

O termo risco social é empregado para designar os eventos, isto é, os fatos ou acontecimentos que ocorrem na vida de todos os homens, com certeza ou probabilidade significativa, provocando um desajuste nas condições normais de vida, em especial a obtenção de rendimentos decorrentes do trabalho, gerando necessidades a serem atendidas, pois nestes momentos críticos, normalmente não podem ser satisfeitas pelo indivíduo.(4)

Mattia Persianni, por sua vez, comentando os riscos sociais, afirma:

Trata-se de acontecimentos, pela natureza das coisas ou pelo modo em que a sociedade é organizada, normalmente inevitáveis que, devido à estrutura sócio-econômica, determinam para quem vive do próprio trabalho, uma situação de necessidade, geralmente em conseqüência da impossibilidade ou incapacidade de trabalhar que dela resulta.(5)

A superação dessas necessidades dá-se por meio de prestações nas áreas de saúde, previdência e assistência social. Precisamente por isso, *Miguel Horvath Júnior*, diz que "seguridade social é um sistema em que o Estado garante a libertação da necessidade".(6) Nas áreas de saúde e assistência social as ações prestadas pelo Estado independem de contribuição — o que não impede a instituição de contribuições destinadas exclusivamente para o custeio da saúde, como veremos mais tarde —, ao contrário do que ocorre na previdência social. Naquelas, as prestações são igualitárias, nesta, considera a base de cálculo das contribuições. Não obstante o termo risco social estar presente em toda seguridade social, é na previdência social que mais se destaca e, considerando-se que o trabalhador remunerado é o segurado por excelência deste sistema, as necessidades sociais decorrentes da perda ou diminuição da capacidade laboral ganham especial destaque.

Como bem observa *Daniel Pulino*, uma única contingência social pode gerar mais de uma necessidade social. Assim, nada impede que um único evento — *v.g.* doença — acarrete prestações de saúde e previdência social.(7)

---

(4) *Comentários à lei de benefícios da previdência social*, p. 33.

(5) *Diritto della previdenza sociale*, n. 52

(6) *Direito Previdenciário*, p. 77.

(7) Cf. *A aposentadoria por invalidez no direito positivo brasileiro*, p. 40.

Uma breve análise do cenário mundial demonstra que não existe sociedade plenamente desenvolvida sem um consistente sistema de seguridade social, o que exalta a importância da participação de todos, não só para colher os bônus, mas também para dividir os ônus.

Manuel Sebastião Soares Póvoas descortina a ausência de limites geográficos da seguridade social:

> *O homem, qualquer que seja o país em que vive, experimenta os mesmos sentimentos de angústia em relação à incerteza do porvir e os mesmos anseios de segurança. É, por isso, como vimos, que a instituição da segurança social tem carácter universal, interessando tanto aos regimes capitalistas como aos regimes socialistas.*[8]

Bem por isso, *Roger Beattie* e *Warren McGillivray*, em elaborada crítica ao informe do Banco Mundial intitulado "Envelhecimento sem crise", alertam que a seguridade social é um problema nacional e que as partes que intervêm nos assuntos desse sistema em cada país devem contribuir para a elaboração de um consenso que permita adotar um programa eficaz e aceitável no plano nacional.[9]

Daí a afirmação de *Ingo Sarlet* no sentido de que as discussões sobre a crise do *Welfare State* não se restringem mais ao campo político, jurídico, econômico ou social, mas transformaram-se em preocupação da humanidade não só pela manutenção de suas condições de vida, mas por sua própria sobrevivência.[10]

Walter E. Schulthess elaborou importante trabalho, no âmbito da Iniciativa de Estocolmo, "O debate sobre a reforma da seguridade social: em busca de um novo consenso", onde apresentou um panorama da previdência social na América Latina, sob três fatores: a estrutura populacional, o grau de desenvolvimento econômico e o nível de desenvolvimento dos regimes previdenciários. A taxa de dependência, ou seja, a relação entre o número de trabalhadores ativos e inativos tem diminuído assustadoramente, em função do envelhecimento da população, o que leva o autor a propor profundas mudanças nos sistemas de seguridade social da América Latina.[11] O constituinte de 1988, consciente das

---

(8) *Previdência privada: filosofia, fundamentos técnicos, conceituação jurídica*, p. 25.

(9) Cf. *Una estrategia riesgosa: reflexiones acerca del informe del banco mundial titulado envejecimento sin crisis, Revista Internacional de Seguridad Social*, n. 48, p. 27.

(10) Cf. *O estado social de direito, a proibição de retrocesso e a garantia fundamental da propriedade*, p. 01.

(11) Cf. A iniciativa de Estocolmo: análise do processo de reforma na América Latina. Essa taxa era de 8 trabalhadores para um inativo em 1950 e 2,3 para 1 em 1990, cf.

mudanças próximas — efetivamente mudanças ocorreram em 1998 e 2003 —, tratou de engendrar as ações conferindo iniciativa a todos, eis que a seguridade social atinge em cheio a vida dos cidadãos e o desenvolvimento do país. Nenhuma reforma conseguirá, entretanto, trazer para baixo do manto previdenciário os quarenta milhões de excluídos, só no Brasil, sem que haja uma ampla reformulação das bases contributivas, como acentua *Wagner Balera*.(12)

Dada à dinâmica da sociedade, podemos dizer que o conceito de seguridade social é um conceito jurídico em construção, ou, no máximo, em constante transformação, sobretudo pela passagem de antigas obrigações privadas para o leque de obrigações estatais.

Nos últimos tempos, a definição e conceituação de previdência e assistência social ganhou destaque, levando os juristas a elaboração de uma teoria jurídica da seguridade social fundamentada na evolução dos sistemas de previdência e assistência social. Na verdade, a definição de um conceito jurídico de seguridade social é dificultada pelo fato de não existirem estudos acabados sobre o assunto, o que levou *Mazzoni* a afirmar, na segunda metade do século XX, em comentário à realidade italiana, que "não é possível dar uma definição jurídica da Seguridade Social (...) já que não existem (...) estudos de direito positivo, orgânico e efetivo, mais ou menos completos, sobre a Seguridade Social".(13) Essa dificuldade se revela ainda maior por não corresponder a seguridade social aos institutos jurídicos típicos.

Armando de Oliveira Assis, atento às transformações mundiais no campo da seguridade social, observa que a expressão 'seguridade social' foi cunhada a partir de um aprofundamento no seguro social, com vistas a abarcar a obrigação que tem a sociedade de assegurar o bem-estar presente e futuro de seus membros, abolindo a miséria e garantindo a conquista digna e suficiente dos meios de vida.(14)

José Paulo Baltazar Júnior e Daniel Machado Rocha, Comentários à lei de benefícios da previdência social, p. 32. No regime próprio da União, a taxa é de 1 ativo para 1,1 inativo.

(12) Cf. *Sobre reformas e reformas previdenciárias, Revista de Direito Social*, n. 12 p. 69.

(13) Cf. *Existe um conceito jurídico de seguridade social?, I Problemi della Sicurezza Sociale*, n. 02, p. 23.

(14) Cf. *Em busca de uma concepção moderna de risco social, Revista do IAPI*, v. 17, p. 26.

A seguridade social não é mera sobreposição de funções assistenciais e previdenciárias. Daí não ser possível transformar o sistema previdenciário em sistema de seguridade social. Não é, ainda, a sobreposição destas com atividades de saúde, ou seja, o conceito de seguridade social não é a mera aglutinação das ações de saúde, assistência e previdência social. É muito mais.

A seguridade social constitui uma libertação das necessidades do indivíduo. Tais necessidades não abarcam todas as suas carências, mas apenas aquelas essenciais. Como *Chiarelli*, significa assegurar uma 'tutela de base', integrando o indivíduo em sua coletividade.

Daniel Pulino assim conceitua seguridade social:

> *...o conjunto sistematizado, integrado, de ações de iniciativa dos Poderes Públicos e da sociedade, destinadas a assegurar direitos relativos à saúde, previdência social e assistência social, tendo como base o primado do trabalho e, como finalidade, superar necessidades sociais para alcançar bem-estar e justiça sociais.*(15)

Para *Wagner Balera*, "seguridade social é, no quadro normativo da Constituição de 1988, sinônimo de justiça social".(16)

Tais conceitos são extraídos da Constituição Federal, precisamente do art. 193, o qual dispõe que "A ordem social tem como base o primado do trabalho, e como objetivo o bem-estar e a justiça sociais". Mas o que é justiça social? A resposta vem, necessariamente, da interpretação sistemática da Constituição.

Nesse sentido, importa considerar os princípios de interpretação da constituição, sobretudo nas lições de *Friedrich Müller*(17) e *Gomes Canotilho*, que assim define o princípio da unidade da Constituição:

> *O princípio da unidade da Constituição ganha relevo autônomo como princípio interpretativo quando com ele se quer significar que o direito constitucional deve ser interpretado de forma a evitar contradições (antinomias, antagonismos) entre as suas normas, e, sobretudo, entre os princípios jurídico-políticos constitucionalmente estruturantes. Como 'ponto de orientação', 'guia de discussão' e 'factor hermenêutico de decisão', o princípio da unidade obriga o intérprete a considerar a Constituição na sua globalidade e a procurar*

---

(15) *A Aposentadoria por invalidez no direito positivo brasileiro*, p.21.

(16) Cf. *Sistema de seguridade social*, p. 127.

(17) Cf. *Métodos de trabalho do direito constitucional*, p. 81.

harmonizar os espaços de tensão existentes entre as normas constitucionais a concretizar (ex: princípio do Estado de Direito e princípio democrático, princípio unitário e princípio da autonomia regional e local, etc.). Daí que o intérprete deva sempre considerar as normas constitucionais, não como normas isoladas e dispersas, mas sim como preceitos integrados num sistema interno unitário de normas e princípios.(18)

Interpretar a Constituição como um todo harmônico é a chave para a compreensão do conceito de justiça social. A seguridade social tem dois lados e, na maioria das vezes, o intérprete desse campo específico do conhecimento visualiza apenas um dos lados, dada a escassez de estudiosos da seguridade social como um todo indissolúvel. Sim, seguridade social é, de um lado, libertação das necessidades do indivíduo — efetivada por meio de prestações de saúde, assistência e previdência social —, mas, de outro, é necessidade de financiamento por toda a sociedade. Daí a relevância que assume aqui o princípio da unidade da Constituição e, note-se bem, tal consideração não passou despercebida pelo legislador constituinte, tanto que inseriu no art. 195, § 5º, a regra da contrapartida, como veremos mais adiante.

Justiça social, portanto, tem seus desdobramentos no financiamento e nas prestações da seguridade social, não apenas num ou noutro. Não é por acaso que, imediatamente após o art. 193 da Constituição Federal, vêm arrolados no art. 194 os princípios da seguridade social, desdobramentos do conceito de justiça social com reflexos no custeio e nos benefícios.

Importa notar que a definição do conceito não será extraída apenas do Título Da Ordem Social da Constituição, mas de todo seu corpo (*v.g.* Título Da Tributação e do Orçamento), principalmente do art. 3º, segundo o qual constituem objetivos fundamentais da República Federativa do Brasil construir uma sociedade livre, justa e solidária; garantir o desenvolvimento nacional; erradicar a pobreza e a marginalização e reduzir as desigualdades sociais e regionais; e promover o bem de todos, sem preconceitos de origem, raça, sexo, cor, idade e quaisquer outras formas de discriminação. Esta norma constitucional, longe de ser programática, no sentido que a doutrina clássica concebia, desprovida de eficácia, vincula os Poderes Públicos na elaboração de suas políticas públicas, o legislador na sua atividade legislativa e o Judiciário na construção de suas decisões.

---

(18) *Direito constitucional*, p. 232.

Passados quase vinte anos da promulgação da Constituição Cidadã, a seguridade social ainda não desfruta do reconhecimento que merece. O legislador constituinte originário definiu apenas quatro objetivos fundamentais da República. Destes, nenhum pode ser alcançado sem a construção de um sólido sistema de seguridade social.[19]

1.2. Saúde

A saúde é direito de todos e dever do Estado, tendo a Constituição de 1988 universalizado seu acesso independentemente de contribuição à seguridade social, o que, sem dúvida, foi um importante avanço.

A relevância da saúde levou *Wagner Balera* à seguinte afirmação:

> *Dentre os programas que a seguridade social se destina a implementar figura como dos mais importantes o da saúde, como definido pelo art. 196 da Lei das Leis.*
>
> *É, indiscutivelmente, o mais importante dos direitos constitucionais devidos pela seguridade social.*[20]

As ações e serviços de saúde são prestados pelo Poder Público, de forma direta, ou através de terceiros, e também por pessoa física ou jurídica de direito privado, sendo a assistência à saúde livre à iniciativa privada.

Como afirmamos no início, o conceito de seguridade social está em constante transformação. No período anterior à Constituição vigente, saúde e previdência social, por vezes, confundiam-se, tanto que a saúde, no âmbito federal, era gerida pelo INAMPS — Instituto Nacional de Assistência Médica da Previdência Social. Ora, se a seguridade social é integrada por ações de saúde, previdência e assistência social, como é possível "assistência médica da previdência social"? Enfim, a Lei n. 8.080/90 veio a dispor sobre as condições para a promoção, proteção e recuperação da saúde, a organização e o funcionamento dos serviços correspondentes, bem como deu um importante passo para dar maior eficiência às ações de saúde, com a criação do Sistema Único de Saúde — SUS, que

---

(19) No mesmo sentido é o raciocínio desenvolvido por Wagner Balera, cf., Da proteção social à família, Revista do Instituto dos Advogados de São Paulo, n. 7, p. 213; e José Paulo Baltazar Júnior e Daniel Machado Rocha, *in* Comentários à lei de benefícios da previdência social, p. 30.

(20) *Da contribuição sobre movimentação financeira, Revista de Direito Tributário*, n. 69, p. 259.

é constituído pelo conjunto de ações e serviços de saúde, prestados por órgãos e instituições públicas federais, estaduais e municipais, da Administração direta e indireta e das fundações mantidas pelo Poder Público.

Finalmente a Lei n. 8.689/93 extinguiu o referido INAMPS — sucedido pela União —, já tardiamente, pois desde a promulgação da Constituição, nos termos do art. 198, as ações e serviços públicos de saúde integram uma rede regionalizada e hierarquizada e constituem um sistema único, organizado de acordo com as seguintes diretrizes: I — descentralização, com direção única em cada esfera de governo; II — atendimento integral, com prioridade para as atividades preventivas, sem prejuízo dos serviços assistenciais; e III — participação da comunidade.

O SUS está em conformidade com o art. 23, II, do Diploma Fundamental, segundo o qual é competência comum da União, dos Estados, do Distrito Federal e dos Municípios cuidar da saúde.

A saúde integra a seguridade social, como já dissemos, por isso o financiamento desta contribuirá para o financiamento daquela, mas não de forma exclusiva. Explica-se. As ações e serviços públicos de saúde são geridos pelo SUS, o qual, por sua vez, é integrado pela União, Estados, Distrito Federal e Municípios. A competência para prestação dessas ações é comum; assim, todos devem contribuir para o seu financiamento. A União contribui por meio de uma parcela do orçamento da seguridade social, o que não exclui a participação do orçamento fiscal, e os demais entes por meio de seus respectivos orçamentos.

Além disso, o art. 198, §1º, da Constituição Federal, autoriza a instituição de outras fontes para o financiamento da saúde. É preciso compreender esse ponto. A Constituição ao determinar que a saúde é direito de todos e dever do Estado está universalizando seu acesso, o que não significa dizer da impossibilidade da criação de específicas contribuições voltadas para o financiamento da saúde, sobretudo em cumprimento aos princípios da diversidade da base de financiamento e da equidade no custeio.

O ponto é interessante. A relação jurídica de custeio na saúde não se confunde com a relação jurídica voltada para as ações e serviços. O sujeito ativo da segunda relação, em face da universalidade, tem direito subjetivo àquelas prestações, independentemente de ter contribuído, ou, como prefere *Wagner Balera*, "...por se tratar de direito conferido em caráter universal e igualitário, o beneficiário ficou dispensado de demonstrar que verteu contribuição".[21]

Na relação jurídica de custeio, por outro lado, o sujeito passivo é chamado para contribuir num contexto que independe daquele outro, mas está inserido no regime jurídico tributário da seguridade social, onde a instituição do tributo é constitucionalmente autorizada. Voltaremos a esse estudo ao analisarmos a CPMF.

Dada a relevância da matéria, a saúde conta com níveis mínimos de investimentos fixados no próprio Texto Constitucional. Dessa forma, a União, os Estados, o Distrito Federal e os Municípios aplicarão, anualmente, em ações e serviços públicos de saúde recursos mínimos derivados da aplicação de percentuais calculados da seguinte forma: I — no caso da União, na forma definida nos termos da lei complementar prevista no art. 198, § 3º; da Constituição Federal; II — no caso dos Estados e do Distrito Federal, o produto da arrecadação dos impostos a que se refere o art. 155 e dos recursos de que tratam os arts. 157 e 159, inciso I, alínea *a*, e inciso II, deduzidas as parcelas que forem transferidas aos respectivos Municípios; III — no caso dos Municípios e do Distrito Federal, o produto da arrecadação dos impostos a que se refere o art. 156 e dos recursos de que tratam os arts. 158 e 159, inciso I, alínea *b* e § 3º.

A aludida lei complementar prevista no art. 198, § 3º, deveria fixar os percentuais arrolados acima; definir os critérios de rateio dos recursos da União vinculados à saúde destinados aos Estados, ao Distrito Federal e aos Municípios, e dos Estados destinados a seus respectivos Municípios, objetivando a progressiva redução das disparidades regionais; bem como estipular as normas de fiscalização, avaliação e controle das despesas com saúde nas esferas federal, estadual, distrital e municipal e as normas de cálculo do montante a ser aplicado pela União.

Até hoje, entretanto, não foi editado referido instrumento normativo. Mas o legislador constituinte não deixou a saúde de mãos amarradas. A fixação de percentuais mínimos de investimentos foi incluída no Texto Constitucional por meio da Emenda Constitucional n. 29/00, a qual incluiu o art. 77 no Ato das Disposições Constitucionais Transitórias, determinando que até o exercício financeiro de 2004, os recursos mínimos aplicados nas ações e serviços públicos de saúde serão equivalentes: no caso da União, no ano 2000, o montante empenhado em

(21) *Idem*, p. 261.

ações e serviços públicos de saúde no exercício financeiro de 1999 acrescido de, no mínimo, cinco por cento, do ano 2001 ao ano 2004, o valor apurado no ano anterior, corrigido pela variação nominal do Produto Interno Bruto — PIB; no caso dos Estados e do Distrito Federal, doze por cento do produto da arrecadação dos impostos a que se refere o art. 155 e dos recursos de que tratam os arts. 157 e 159, inciso I, alínea *a*, e inciso II, deduzidas as parcelas que forem transferidas aos respectivos Municípios; e no caso dos Municípios e do Distrito Federal, quinze por cento do produto da arrecadação dos impostos a que se refere o art. 156 e dos recursos de que tratam os arts. 158 e 159, inciso I, alínea *b* e § 3º. Os Estados, o Distrito Federal e os Municípios que apliquem percentuais inferiores aos fixados acima deverão elevá-los gradualmente, até o exercício financeiro de 2004, reduzida a diferença à razão de, pelo menos, um quinto por ano, sendo que, a partir de 2000, a aplicação será de pelo menos sete por cento. Dos recursos da União apurados nos termos acima, quinze por cento, no mínimo, serão aplicados nos Municípios, segundo o critério populacional, em ações e serviços básicos de saúde, na forma da lei. Os recursos dos Estados, do Distrito Federal e dos Municípios destinados às ações e serviços públicos de saúde e os transferidos pela União para a mesma finalidade serão aplicados por meio de Fundo de Saúde que será acompanhado e fiscalizado por Conselho de Saúde, sem prejuízo do disposto no art. 74 da Constituição Federal.

Com o nobre objetivo de não esvaziar o mandamento constitucional, determinou o legislador constituinte ainda que, na ausência da lei complementar a que se refere o art. 198, § 3º, a partir do exercício financeiro de 2005, aplicar-se-á à União, aos Estados, ao Distrito Federal e aos Municípios o disposto acima, ou seja, os percentuais fixados na própria EC n. 29/00.

1.3. Assistência social

Consoante o art. 203 da Constituição Federal, a assistência social será prestada a quem dela necessitar, independentemente de contribuição à seguridade social, e terá por objetivos a proteção à família, à maternidade, à infância, à adolescência e à velhice; o amparo às crianças e adolescentes carentes; a promoção da integração ao mercado de trabalho; a habilitação e reabilitação das pessoas portadoras de deficiência e a promoção de sua integração à vida comunitária; e a garantia de um salário mínimo de benefício mensal à pessoa portadora de deficiência e ao idoso que comprovem não possuir meios de prover à própria manutenção ou de tê-la provida por sua família, conforme dispuser a lei.

Essa norma é o ponto de partida para a compreensão da assistência social e, por muito tempo, foi o fundamento da assistência social pública e privada. Nesse sentido trilhava a jurisprudência do Supremo Tribunal Federal, como decidido na Ação Direta de Inconstitucionalidade n. 2.028.[22]

A iniciativa privada também é chamada para contribuir na assistência social, visto que, nos termos do art. 204 da Constituição, as ações governamentais na área da assistência social serão realizadas com recursos do orçamento da seguridade social, previstos no art. 195, além de outras fontes, e organizadas com base na descentralização político-administrativa, cabendo a coordenação e as normas gerais à esfera federal e a coordenação e a execução dos respectivos programas às esferas estadual e municipal, bem como a entidades beneficentes e de assistência social.

Podemos dizer que essas entidades beneficentes e de assistência social tiveram origem nas antigas mutualidades. Não é de hoje, portanto, que a sociedade vem participando das ações de assistência social.

Os objetivos enumerados no art. 203, paulatinamente, deixaram de constituir um rol taxativo para as entidades privadas, sendo admitidos outros não elencados no Texto Constitucional.

Importa referir, aqui, os precedentes do Supremo Tribunal Federal nos julgamentos dos RREE 202700 e 259756.[23]

No julgamento do primeiro destes recursos, uma entidade fechada de previdência complementar buscava, na via do mandado de segurança, o reconhecimento de seu direito à imunidade concedida pelo art. 150, VI, c, da Constituição Federal, em relação ao imposto sobre a propriedade territorial urbana de imóvel de sua propriedade. Referida disposição constitucional está vazada nesses termos:

Art. 150. Sem prejuízo de outras garantias asseguradas ao contribuinte, é vedado à União, aos Estados, ao Distrito Federal e aos Municípios:

---

(22) STF, DJ 16.06.00.
(23) DJ 01.03.02 e 29.08.03, respectivamente.

VI — instituir impostos sobre:

c) patrimônio, renda ou serviços dos partidos políticos, inclusive suas fundações, das entidades sindicais dos trabalhadores, das instituições de educação e de assistência social, sem fins lucrativos, atendidos os requisitos da lei".

Daí que, nos termos das argumentações da impetrante, a mesma seria equiparada à entidade de assistência social, conforme o art. 39, § 3º da Lei n. 6.435/77, a qual dispôs sobre as entidades de previdência privada, dessa forma:

Art. 39. As entidades fechadas terão como finalidade básica a execução e operação de planos de benefícios para os quais tenham autorização específica, segundo normas gerais e técnicas aprovadas pelo órgão normativo do Ministério da Previdência e Assistência Social.

§ 3º As entidades fechadas são consideradas instituições de assistência social, para os efeitos da letra c *do item II do art. 19 da Constituição.*

Nesse sentido, *Sergio de Andréa Ferreira* doutrina, ainda em período anterior à atual Constituição Federal, que as entidades fechadas de previdência privada são consideradas complementares do sistema oficial de previdência e assistência social.[24]

Concluía o impetrante, portanto, que era cristalino seu direito à imunidade pleiteada.

O julgamento, decidido por maioria de votos, trilhou em sentido contrário. Um ponto relevante do julgado foi a distinção que restou feita entre previdência e assistência social. Na esteira do entendimento dominante, os dois termos não se confundem. Nem poderia ser diferente, pois em inúmeras passagens da Constituição Federal ambos são utilizados com conceitos distintos. Sendo assim, concluiu-se que a imunidade referida no art. 150, VI, *c*, não abrange as entidades de previdência fechada.

Ainda, na linha de argumentação do julgado, ficou assentado que a previdência social é prestada mediante contribuição, não tendo o caráter de universalidade próprio da assistência social, que é devida independentemente de contribuição.

Dessa forma, as entidades de previdência fechada que oferecerem planos previdenciários aos seus participantes, mediante contribuição destes, não estão ao alcance da imunidade.

---

(24) Cf. Aspectos básicos do moderno direito das fundações de previdência suplementar, p. 21.

Afastando-se do enunciado no art. 203 da Constituição Federal, foi reconhecido no julgado outro conceito de assistência social, precisamente elaborado pelo Ministro *Octavio Gallotti* no julgamento do RE n. 136.332, *in* RTJ 150/597:

Não ignoro que a evolução social dos tempos modernos está a sugerir um conceito de assistência social não estritamente vinculado aos pressupostos de caridade, benemerência, do humanitarismo, da filantropia. Mas a imunidade tributária constitucional continua a ser um estímulo ao altruísmo (desprendimento de alguém em proveito de outrem). Entendo que não comporta a hipótese onde os associados se congregam em seu próprio benefício, mediante o recolhimento de contribuições, mediante o concurso de algum patrocinador e a despeito da reconhecida utilidade social do empreendimento.

Dessa forma, tendo em vista que, no caso em exame, a contribuição dos participantes era fundamental para o plano instituído, o Supremo Tribunal Federal acabou por negar o direito à imunidade.

Esse entendimento foi alterado no julgamento de outro recurso extraordinário, em 28 de novembro de 2001. Trata-se do RE n. 259756, onde outra entidade de previdência privada, pleiteava, igualmente, a imunidade conferida pelo art. 150, IV, *c*, da Constituição Federal.

Este julgado, na realidade, desenvolveu o mesmo raciocínio do anterior, porém deu um passo além.

Mesmo reconhecendo que, sob o ponto de vista constitucional, assistência e previdência social não se confundem — e este foi o principal argumento da Fazenda Nacional, recorrente na ação — o Tribunal acabou por enquadrar as entidades fechadas de previdência privada no benefício concedido às entidades de assistência social, desde que não houvesse contribuição dos participantes nem distribuição de lucros.

Considerou, nessa vertente, o art. 14 do Código Tributário Nacional, o qual reza:

Art. 14. O disposto na alínea c *do inciso IV do art. 9º é subordinado à observância dos seguintes requisitos pelas entidades nele referidas:*

I — não distribuírem qualquer parcela de seu patrimônio ou de suas rendas, a qualquer título;

II — aplicarem integralmente, no País, os seus recursos na manutenção dos seus objetivos institucionais;

III — manterem escrituração de suas receitas e despesas em livros revestidos de formalidades capazes de assegurar sua exatidão.

Segundo o entendimento majoritário, o termo *assistência social* insculpido no art. 150, VI, *c*, não se confunde com a assistência social do art. 203, pois a assistência social do art. 203 diz respeito àquela de natureza pública, prestada por pessoa jurídica de direito público. Desta forma, sua imunidade não decorre do art. 150, VI, *c*, mas sim da alínea *a* do mesmo artigo; logo, como o Texto Constitucional não possui letras mortas, a interpretação que equipara os dois termos carece de consistência jurídica. Por isso, o termo 'assistência social' em referência diz respeito à iniciativa privada, incluindo-se, aí, as entidades fechadas de previdência privada que submetam-se ao regime do art. 14 do Código Tributário Nacional e que não recebam qualquer contribuição de seus participantes.

Nota-se que, nessa hipótese, o Tribunal, na verdade, prestigiou o altruísmo tal qual desenvolvido no voto do Ministro *Octávio Gallotti*, acima transcrito.

Nesse sentido, já havia consignado, bem antes do julgado, *Wagner Balera*:

Nada justifica, por conseguinte, que haja tratamento tributário distinto para bens — patrimônio, renda e serviços — de entes colocados a serviço do mesmo ideal de proteção constitucionalmente definido: a seguridade social.[(25)]

Considerou, ainda, o Tribunal, a irrelevância da gratuidade dos serviços prestados, o que não confunde-se com a finalidade lucrativa. Assim, nada impede a cobrança dos serviços nem a remuneração dos funcionários, desde que ambas sejam compatíveis com valores de mercado e tenham por finalidade a cobertura dos custos.

Por tudo que foi exposto, e ainda fundamentado no princípio de interpretação constitucional da máxima eficácia, segundo o qual à norma constitucional deve ser dada a interpretação que maior alcance lhe dê, a Corte Suprema acabou por reconhecer a imunidade pleiteada. Tal entendimento restou consagrado na Súmula n. 730, nesses termos:

A imunidade tributária conferida a instituições de assistência social sem fins lucrativos pelo art. 150, VI, c, *da Constituição, somente*

---

(25) *Natureza e fins da imunidade dos fundos de pensão, Revista de Direito Tributário*, n. 65, p. 178.

alcança as entidades fechadas de previdência social privada se não houver contribuição dos beneficiários.

A decisão ainda foi fundamentada nos seguintes precedentes: RE n. 202700, RE n. 235003, RE n. 222631, AI n. 289176, AI n. 323514, RE n. 246886 e RE n. 360500.

Tudo isso, na verdade, fundamenta o entendimento no sentido de que a correta compreensão do termo assistência social não reside, exclusivamente, no art. 203 da Constituição Federal.

A renda mensal vitalícia, principal benefício de assistência social, foi criada pela Lei n. 6.179/74. Era devida ao maior de 70 anos ou ao inválido que não exercesse atividade remunerada e que comprovasse não possuir meios de prover sua própria subsistência ou de tê-la provida por sua família. Nos termos do art. 139 da Lei n. 8.213/91, continuaria integrando o elenco dos benefícios da previdência social até que fosse regulamentado o inciso V do art. 203 da Constituição Federal, o que finalmente ocorreu com a publicação da Lei n. 8.742/93, a qual instituiu o benefício de prestação continuada, no valor de um salário mínimo mensal, à pessoa portadora de deficiência e ao idoso com 70 anos ou mais, desde que comprovem não possuir meios de prover a própria manutenção e nem de tê-la provida por sua família. Referido benefício é conhecido como LOAS, já que instituído pela lei de organização da assistência social.

Entende-se como família o cônjuge, a companheira, o companheiro e o filho não emancipado, de qualquer condição, menor de 21 anos ou inválido; os pais; e o irmão não emancipado, de qualquer condição, menor de 21 anos ou inválido.

Pessoa portadora de deficiência é aquela incapacitada para a vida independente e para o trabalho.

Considera-se incapaz de prover a manutenção da pessoa portadora de deficiência ou idosa a família cuja renda mensal per capita seja inferior a 1/4 do salário mínimo.[26]

Este benefício não pode ser acumulado pelo beneficiário com qualquer outro no âmbito da seguridade social ou de outro regime, salvo o da assistência médica.

---

(26) O STF julgou constitucional aludido requisito veiculado por meio de lei ordinária, no julgamento da ADIn 1232, DJU 01.06.01, eis a ementa: CONSTITUCIONAL. IMPUGNA DISPOSITIVO DE LEI FEDERAL QUE ESTABELECE O CRITÉRIO PARA RECEBER O BENEFÍCIO DO INCISO V DO ART. 203, DA CF. INEXISTE A RESTRIÇÃO

A situação de internado não prejudica o direito do idoso ou do portador de deficiência ao benefício.

A concessão do benefício ficará sujeita a exame médico-pericial realizado pelo serviço de perícia médica do Instituto Nacional do Seguro Social — INSS. Na hipótese de não existirem serviços no município de residência do beneficiário, fica assegurado, na forma prevista em regulamento, o seu encaminhamento ao município mais próximo que contar com tal estrutura.

A renda familiar mensal deverá ser declarada pelo requerente ou seu representante legal, sujeitando-se aos demais procedimentos previstos no regulamento para o deferimento do pedido.

Este benefício deve ser revisto a cada 2 anos para avaliação da continuidade das condições que lhe deram origem.

Com a publicação da Lei n. 10.741/03 — Estatuto do Idoso, a idade mínima foi reduzida para 65 anos, nos termos do seu art. 34.[27]

1.4. Previdência social

O direito da seguridade social — em especial o direito previdenciário — é um direito de luta, ou seja, um direito onde as garantias existentes são decorrência das conquistas dos movimentos sociais.

Por essa razão, *Desmond S. King* afirma que as origens do Estado de Bem-Estar Social devem-se menos a uma estratégia social democrática ou socialista coerente e mais a circunstâncias políticas imediatas, citando como exemplo a introdução da seguridade social e direitos de

---

ALEGADA EM FACE AO PRÓPRIO DISPOSITIVO CONSTITUCIONAL QUE REPORTA À LEI PARA FIXAR OS CRITÉRIOS DE GARANTIA DO BENEFÍCIO DE SALÁRIO MÍNIMO À PESSOA PORTADORA DE DEFICIÊNCIA FÍSICA E AO IDOSO. ESTA LEI TRAZ HIPÓTESE OBJETIVA DE PRESTAÇÃO ASSISTENCIAL DO ESTADO. AÇÃO JULGADA IMPROCEDENTE.

(27) Segundo dados do Ministério de Desenvolvimento Social, em 2004 foram atendidos 933.164 idosos e 1.127.849 portadores de deficiência por meio desse benefício assistencial. Outros programas de assistência social de responsabilidade do MDS: Programa de Erradicação do Trabalho Infantil, Programa de Atenção Integral à Família, Agente Jovem de Desenvolvimento Social e Humano, Programa de Atenção à Criança de 0 a 6 anos, Programa de Atenção à Pessoa Idosa, Programa de Atenção à Pessoa Portadora de Deficiência, Programa de Combate ao Abuso e à Exploração Sexual de Crianças.

pensão por *Bismarck*, na Alemanha, na década de 1870, como esforço para debilitar o apoio aos partidos socialistas e movimentos sindicais.[28]

No Brasil não foi muito diferente e o modelo de previdência social estampado no art. 201 do Estatuto Fundamental foi resultante de todas essas forças.[29] Segundo este, a previdência social será organizada sob a forma de regime geral, de caráter contributivo e de filiação obrigatória, observados critérios que preservem o equilíbrio financeiro e atuarial, e atenderá aos seguintes riscos sociais: doença, invalidez, morte e idade avançada; proteção à maternidade, especialmente à gestante; proteção ao trabalhador em situação de desemprego involuntário; salário-família e auxílio-reclusão para os dependentes dos segurados de baixa renda; pensão por morte do segurado, homem ou mulher, ao cônjuge ou companheiro e dependentes.

Na verdade, três são os regimes previdenciários existentes no Brasil: os regimes próprios dos agentes públicos da União, Distrito Federal, Estados e Municípios; o regime geral de previdência social, administrado pelo Instituto Nacional do Seguro Social, dos trabalhadores em geral, excluídos do regime próprio — daí seu caráter residual;[30] e, por fim, o regime de previdência privada, nos termos do art. 202 da Constituição Federal.

Importa notar que a previdência social será organizada sob a forma de regime geral, de caráter contributivo e de filiação obrigatória, observados critérios que preservem o equilíbrio financeiro e atuarial.

Como já observamos antes, ao contrário do que ocorre na saúde e assistência social, a previdência social é organizada sob a forma contributiva, o que significa dizer que a contribuição é condição para participação no regime; sob a forma de regime geral, abarcando todos

---

(28) Cf. *O estado e as estruturas sociais de bem-estar em democracias industriais avançadas, Novos Estudos*, n. 22, p. 57.

(29) Para aprofundar a compreensão a respeito do choque de interesses capitalistas e interesses sociais no seio do Welfare State veja-se Francisco de Oliveira, O surgimento do antivalor: capital, força de trabalho e fundo público, Novos Estudos, n. 22, p. 8-28.

(30) Não obstante o termo "residual" o RGPS é o maior regime previdenciário do país, muito embora, segundo dados do Ministério da Previdência Social de 2003, dos 64 milhões de trabalhadores do setor privado, 62% não contribuem para a previdência social. São os tão falados 40 milhões de excluídos, cuja Emenda Constitucional n. 41/03 previu a inclusão por meio de sistema especial. A evasão previdenciária aumentou de 39% em 1985 para 53% em 1999, chegando a 62% em 2003!

os trabalhadores, ressalvados os participantes de regimes próprios que não exerçam atividade remunerada sujeita ao regime geral; de filiação obrigatória, ou seja, não facultativa, não dependendo de ato de vontade do segurado — ao contrário do que ocorre na previdência complementar —, exercendo atividade sujeita à filiação, a mesma é automática; por fim, deve observar critérios que preservem o equilíbrio financeiro e atuarial. A filiação obrigatória, além de trazer segurança para o indivíduo e para a sociedade, na medida em que a insegurança individual acarreta insegurança social, também é decisiva para o equilíbrio financeiro e atuarial, pois a filiação facultativa implicaria o fenômeno conhecido como seleção adversa, ou seja, restaria para a previdência pública atender apenas a camada mais necessitada da população, onde a contribuição é menor, migrando os mais favorecidos para a previdência privada, atingindo o esperado equilíbrio financeiro e atuarial. É reflexo também da solidariedade que informa os modernos sistemas de seguridade social.

A cobertura dos riscos sociais apontados no art. 201 da Constituição Federal não exclui outros decorrentes do regime e dos princípios por ela adotados, ou dos tratados internacionais em que a República Federativa do Brasil seja parte, nos termos do art. 5º, § 2º daquele Diploma.

Assim, o sistema está preparado para a eleição de novas contingências sociais a serem protegidas pelo Estado, pois, como lembra *Maria de Los Santos Alonso Ligero*, "a seguridade social deve aspirar a alcançar novas realizações, a fim de seguir a evolução das necessidades e as aspirações das novas sociedades industriais".(31)

A previdência social constitui forma de seguro social contra os riscos a que estão submetidos os trabalhadores, visto que esses são seus segurados. É um esquema segurador, onde participam os trabalhadores, empregadores e o Estado, visto que instituído em favor de todos esses. Releva notar: é um esquema similar ao seguro privado, mas com a marca indelével da solidariedade inerente aos sistemas de seguridade social. Além disso, enquanto no seguro privado estão em jogo, principalmente, interesses particulares, na previdência social concentram-se interesses de toda nação.

Antes de chegar ao estágio atual, a base da previdência foi estritamente privada, de seguro. A legislação italiana regulou algumas dessas

---

(31) Cf. *Los servicios sociales y la seguridad social, Revista Iberoamericana de Seguridade Social*, n. 6, p. 1507.

organizações, onde se destacam as mútuas voluntárias. Depois, evolui-se de um sistema individual e voluntário para um obrigatório de categorias profissionais.

A diretriz da previdência social estribada num seguro obrigatório permaneceu inalterada na Constituição Italiana, onde não havia previsão de um regime geral de seguridade social. No pós-guerra, a garantia previdenciária aumentou para proteger os trabalhadores autônomos. Essa proteção decorreu da conscientização dos trabalhadores sobre a importância de proteção social, mas ainda estava o sistema preso à idéia de proteção exclusiva para aqueles que desenvolvessem atividade remunerada.

O programa italiano de construção da seguridade social prevê uma série de reformas estruturais com vistas a uma organização mais eficiente, fundamentado em três metas: unificação das contribuições, concentração em um único órgão de todas as prestações econômicas e unificação dos órgãos incumbidos da concessão dos serviços médicos.

Vale observar, tendo em vista a realidade brasileira, que a existência de um único órgão executor torna o controle mais ágil e facilita o diagnóstico da realidade.

Diz *Marco Aurélio Greco* que o direito não existe sem o homem e, para nós, não pode deixar de considerar a realidade social onde, afinal, suas normas jurídicas incidem e geram efeitos.[32]

Previdência social, além de realidade jurídica, é realidade social. No Brasil a previdência social é o maior programa de redistribuição de renda, sendo que em mais de 90% dos municípios o pagamento de benefícios supera a arrecadação de contribuições e, em 64% destes, supera o Fundo de Participação dos Municípios, conforme dados do Ministério da Previdência Social. Decorre daí uma influência de forte

---

(32) Cf. *Contribuições: uma figura sui generis*, p. 41. Essa afirmação, com a qual concordamos, vai de encontro à posição assumida por *Kelsen*, Teoria pura do direito /trad. *João Baptista Machado*, p. 77, segundo a qual "Na afirmação evidente de que o objeto da ciência jurídica é o Direito, está contida a afirmação — menos evidente — de que são as normas jurídicas o objeto da ciência jurídica, e a conduta humana só o é na medida em que é determinada nas normas jurídicas como pressuposto ou conseqüência, ou — por outras palavras — na medida em que constitui conteúdo de normas jurídicas. Quanto à questão de saber se as relações inter-humanas são objeto da ciência jurídica, é importante dizer que elas também só são objeto de um conhecimento jurídico enquanto relações jurídicas, isto é, como relações que são constituídas através de normas jurídicas".

impacto nas economias locais. Ainda, segundo dados do IBGE, para cada segurado da previdência social há aproximadamente 2,5 pessoas beneficiadas indiretamente. Considerando-se que em 2003 foram 21,4 milhões de beneficiados, temos um total de 73,9 milhões de pessoas atingidas pelo pagamento de benefícios, ou seja, quase metade da população brasileira!

Álvaro Solon de França, em relevante pesquisa sobre a influência da previdência social nas economias dos municípios brasileiros afirma:

> *Entre 1992 e 1999, a renda* per capita *dos domicílios nos quais residem beneficiários da Previdência subiu cerca de 30%. O crescimento da renda* per capita *média dos domicílios que não recebem nenhum benefício previdenciário, por sua vez, não ultrapassou 23%. Nos domicílios beneficiados pela Previdência a renda é 32,5% maior que a média nacional e 54% maior que a renda dos domicílios que não são beneficiados.*
>
> *Não pára por aí. Em 1999, 34% dos brasileiros possuíam renda mensal menor do que R$ 98, vivendo abaixo da linha da pobreza. Se não fosse a Previdência, esse percentual seria de 45,3%. Ao receber os benefícios previdenciários, 18 milhões de pessoas escaparam da linha da miséria.*
>
> *(...)*
>
> *Esse mosaico de dados, longe de meros números soltos em páginas de uma publicação institucional, é o atestado da relevância da Previdência Social no país. O fato de o cidadão, muitas vezes, ter a renda multiplicada por três ou quatro vezes (caso de muitos trabalhadores rurais — observação é nossa), no momento da aposentadoria, não significa que o rendimento chegou ao ideal. Para populações miseráveis espalhadas pelo território nacional, entretanto, os recursos da Previdência são a única chance de sobreviverem sem resvalar na indigência. Diante de problemas tão difíceis de solucionar, a discussão não pode ganhar contornos acadêmicos ou entrar para a vala comum dos embates puramente ideológicos, sob pena de a exclusão social aumentar.*[(33)]

A previdência, assim, tem enorme função social, mas sua eficácia está umbilicalmente ligada ao desenvolvimento nacional, o qual funciona como um limitador do alcance daquela.

---

(33) *A importância da previdência social na economia dos municípios brasileiros e no resgate da cidadania, Revista Conjuntura Social*, n. 14, p. 15-22.

Mario L. Deveali colheu com precisão essa afinidade:

Atualmente passou-se (...) à ilusão de que a previdência social possa prover a toda as necessidades humanas: do berço à tumba. Entendemos ser necessário reagir contra essa ilusão, tendo presente que a previdência social realiza simplesmente uma função distributiva: que os recursos destinados à previdência social incidem fatalmente sobre a parte da renda nacional que cabe à retribuição do trabalho e que essa parte está necessariamente vinculada ao montante daquela. Se desejarmos melhorar os benefícios da previdência social, torna-se necessário aumentar também a renda nacional, o que só se consegue mediante aumento da produção.[34]

Estudar direito previdenciário no Brasil é sobreviver num intenso campo de batalha, em face das alterações rotineiras na legislação previdenciária, as quais atormentam a cabeça do estudioso — sem falar naquela editada sem qualquer suporte de validade na Constituição Federal. A par disso, estudar previdência social com seriedade implica aceitar um nobre desafio: contribuir para a construção de uma sociedade livre, justa e solidária.

---

(34) *Alguns princípios básicos em matéria de previdência social*, *Seguridad Social*, n. 4, p. 24.

2. *O Sistema Constitucional Tributário Brasileiro*

2.1. Conceito

Já vimos que a seguridade social está arrumada no Corpo Constitucional sob a forma de sistema. No mesmo sentido, encontramos o sistema constitucional tributário.

Afirmamos antes que a Constituição é um sistema normativo formado por regras e princípios. Aprofundemos um pouco o tema.

Como *Gomes Canotilho*, abandonamos a teoria da metodologia jurídica tradicional que distinguia entre normas e princípios para considerar regras e princípios duas espécies de normas.[1]

As Constituições que antecederam a atual não tiveram a mesma *felicidade normativa* desta. Viveram sob a influência européia reinante na primeira metade do século passado que via nas constituições meras promessas desprovidas de eficácia, exortações morais ao legislador ordinário, nada mais.

A idéia de força normativa da Constituição traz consigo a necessidade de um órgão de controle, capaz de aferir a adequação das condutas do Estado ao estipulado na constituição. Surge, então, o mecanismo conhecido como controle de constitucionalidade, criação do constitucionalismo norteamericano,[2] aperfeiçoado desde a célebre decisão de 1803

(1) Cf. *Direito constitucional*, p. 172.

(2) *Mauro Cappelletti* faz interessante crítica aos autores norteamericanos que apontam a decisão de 1803 como "marco" do controle da constitucionalidade das leis, relatando que há numerosos exemplos na história onde, embora de forma não expressa e consciente denominada "supremacia da constituição", verificaram-se formas de supremacia de uma lei ou conjunto de leis, tais como o nómos em relação ao pséfisma no Direito Ateniense. *Cf. O Controle judicial de constitucionalidade das leis no Direito Comparado.* Em que pese haver muitos exemplos ao longo da história, a decisão de 1803 parece-nos um divisor de águas. É certo, porém, que o juiz Marshall não teria chegado a essa conclusão sem considerar a evolução do pensamento científico a respeito do tema, pois as novas verdades são reveladas sempre com fundamento em verdades já existentes.

do juiz *Marshall*, no caso *Marbury* versus *Madison*. Como ensina *Garcia de Enterria*,[3] naquela oportunidade o juiz *Marshall* verificou que uma lei federal estava em confronto com a Constituição e a decisão somente seria possível no sentido de reconhecer a supremacia de uma ou outra, restando decidido que a Constituição não só era provida de força coativa como também que estava no ápice da pirâmide normativa, merecendo conformidade de todos os atos inferiores. Esse processo ficou conhecido com *judicial review*, ou controle difuso da constitucionalidade das leis.

Apesar da forte influência da revolução americana na Europa, a *judicial review* não teve o mesmo impacto, de um lado pelo pensamento reinante nas monarquias no sentido de que o monarca era a fonte fundamental do poder, de outro, por influência da esquerda, cujo um dos expoentes foi *Ferdinand Lasalle*, para quem a Constituição era uma mera folha de papel que escondia as reais relações de poder.[4] Assim, somente em 1919, por meio de *Kelsen* e da Escola Austríaca, o controle de constitucionalidade chega a Europa, mas num sistema diferente do americano, conhecido como sistema concentrado, pois o exercício do controle era atribuído a um só tribunal, o Tribunal Constitucional.

Desde então os sistemas de controle de Constitucionalidade multiplicaram-se e aperfeiçoaram-se. Alguns países adotaram o sistema difuso, outros o concentrado, e outros — como o Brasil — uma combinação de ambos.

Reconhecida a força superior e normativa da Constituição, modernamente, impõe-se uma questão do maior relevo: a interpretação da constituição é distinta da interpretação dos demais textos normativos?

Manuel Atienza afirma que a interpretação da Constituição é uma interpretação superior a das outras normas, ou, noutras palavras, a interpretação da constituição marca os limites da possibilidade de interpretação de todas as outras normas, estabelecendo para todos os níveis da ordem jurídica a obrigação de interpretar de acordo com a Constituição.[5]

Susanna Pozzolo reconhece a especificidade da interpretação constitucional e, no âmbito da Filosofia do Direito, aponta a corrente de pensamento denominada Neoconstitucionalismo como uma de suas expoentes. Para esta corrente, dentre as características que diferenciam a interpretação constitucional da interpretação de outro texto normativo temos:

---

(3) Cf. La constitución como norma y el tribunal constitucional, p. 126.

(4) Cf. *A essência da Constituição*.

(5) Cf. *Os limites da interpretação constitucional*, p. 02.

a. Princípios *versus* normas. O ordenamento jurídico não compõe-se apenas de normas, mas de normas e princípios e estes diferenciam-se daquelas pela noção de dimensão e peso, por não submeterem-se à lógica do "tudo ou nada" a que estão sujeitas as normas, pelo elevado grau de abstração, em geral sendo vistos como valores morais positivados. Embora os princípios sejam encontráveis em todo ordenamento jurídico, há uma forte concentração nas constituições.

b. Ponderação *versus* subsunção. Os princípios requerem um particular modo de interpretação, abandonando-se o tradicional método subsuntivo para adotar a ponderação, composta principalmente de três etapas: 1. uma atividade de interpretação para definir quais os princípios que aplicam-se ao caso concreto, em regra mais de um e sempre numa posição de antinomia parcial; 2. identificados os princípios, realiza-se uma atividade de ponderação ou balanceamento para colocá-los numa posição hierárquica entre si, prevalecendo o princípio de maior peso, mas não eliminando-se a força dos demais;(6) 3. por fim, a relação axiológica construída não é em abstrato, mas em concreto. Assim, os mesmos princípios, num diverso caso concreto, podem ocupar outra posição hierárquica.(7)

c. Constituição *versus* independência do legislador. Com isto a autora quer significar que a Constituição tem um conteúdo substancial condicionante, o qual vincula materialmente o legislador na sua atividade legislativa. A lei é vista como um instrumento de mediação entre as exigências práticas e as exigências constitucionais. Importa considerar aqui o papel das normas-programa que vinculam a atividade legislativa, funcionando como uma orientação voltada para o futuro.

d. Juízes *versus* liberdade do legislador. Com o novo método de ponderação, o intérprete desenvolve uma atividade criativa, adequando a legislação às prescrições constitucionais. A concretização da Constituição envolve num primeiro plano a realização de justiça no caso concreto, o que pode ser alcançado por meio dos princípios.(8)

---

(6) Merece registro nova corrente interpretativa segundo a qual os princípios, assim como as normas, podem submeter-se à lógica do tudo ou nada.

(7) Interessante decisão sobre ponderação de princípios constitucionais está consubstanciada no julgamento da ADIn n. 319, DJ 30.04.93.

(8) Cf. Neoconstitucionalismo y especificidad de la interpretación constitucional, p. 339. Outros autores do Neoconstitucionalismo, segundo a autora: Ronald Dworkin, Robert Alexy, Gustavo Zagrebelsky e, em parte, Carlos S. Nino.

A radical mudança ocorre na adoção do método de ponderação, substituindo o tradicional método subsuntivo que já não responde mais às exigências interpretativas.[9] Note-se bem: não significa abandonar o método subsuntivo e as tradicionais interpretações gramatical, teleológica, sistemática e histórica. Esse método continua sendo aplicado, mas é forçoso reconhecer que nem sempre traz boa solução aos casos concretos.[10]

Um sistema jurídico ideal, na lição de *Luis Roberto Barroso*, se consubstancia em uma distribuição equilibrada de regras e princípios, nos quais as regras desempenham o papel referente à segurança jurídica — previsibilidade e objetividade das condutas — e os princípios, com sua flexibilidade, dão margem à realização da justiça no caso concreto.[11]

Para *Gomes Canotilho*, um modelo constitucional integrado apenas por regras nos levaria a um sistema jurídico de limitada racionalidade prática, pois exigiria excessiva disciplina legislativa. Seria um sistema estático. De outra banda, um sistema fundado apenas em princípios seria indeterminado demais, levando à insegurança jurídica, ainda mais considerando o natural conflito entre princípios. Assim, num constitucionalismo adequado, um sistema deve ter princípios, regras e valores, consagrados pelos princípios — tais como liberdade, democracia, dignidade —, além de procedimentos e processos que dêem operacionalidade prática aos princípios e regras.[12]

Uma última observação se faz necessária. No sistema de elementos da natureza, os objetos estão ligados entre si por uma relação de causa e efeito, segundo um princípio que denominamos causalidade. Se ocorre X, a conseqüência será Y, daí designarmos mundo do ser. Nos sistemas jurídicos, como registra *Kelsen*,[13] incide outro princípio,

---

(9) *Luís Roberto Barroso* ensina sobre o método subsuntivo: "Nessa perspectiva, a interpretação jurídica consiste em um processo silogístico de subsunção dos fatos à norma: a lei é a premissa maior, os fatos são a premissa menor e a sentença é conclusão. O papel do juiz consiste em revelar a vontade da norma, desempenhando uma atividade de mero conhecimento, sem envolver qualquer parcela de criação do Direito para o caso concreto". *O começo da História: a nova interpretação constitucional e o papel dos princípios no Direito Brasileiro*, p. 331, nota de rodapé n. 7.

(10) Para não ir longe, basta citar a interminável discussão envolvendo o princípio da privacidade *versus* a liberdade de imprensa. Sem a ponderação dos princípios no caso concreto não há qualquer possibilidade de solução.

(11) Cf. *O começo da História: a nova interpretação constitucional e o papel dos princípios no Direito Brasileiro*, p. 339.

(12) Cf. *Direito constitucional*, p. 174/176.

(13) Cf. *Teoria pura do direito* / trad. João Baptista Machado, p. 85.

o da imputação, segundo o qual ocorrido certo evento, A, a conseqüência B *deve ser*. Daí dizermos que o Direito pertence ao mundo do *dever ser*. Mas não somos obrigados a obedecer a todos os mandamentos jurídicos o tempo todo, senão quando somos colhidos por suas hipóteses. Assim, realizado o fato descrito abstratamente na hipótese, estamos, por uma relação de imputação normativa, obrigados a obedecer ao respectivo mandamento, como bem apontado por *Geraldo Ataliba*.(14)

Feitas essas observações, podemos estudar o sistema constitucional tributário brasileiro que, para nós, é o conjunto de normas constitucionais de direito tributário que têm relação lógica entre si, as quais não podem ser consideradas de forma isolada, mas sim com elevado grau de interdependência. Sistematicamente, formam a essência desse ramo do direito, fundamentando todo restante do ordenamento jurídico-tributário, ao mesmo tempo que confere legitimidade às pessoas políticas para cobrarem tributos e assegura garantias aos contribuinte.

Para *Celso Ribeiro Bastos*, "o sistema tributário nacional é o conjunto de princípios e de normas unificados em torno da idéia de tributo".(15)

Paulo de Barros Carvalho, preferindo a expressão *subsistema constitucional tributário*, visto que, para este autor, o sistema constitucional brasileiro é um só, composto por normas de comportamento e normas de estrutura, englobando vários subsistemas, assim leciona a respeito:

> *Pertencendo ao estrato mesmo da Constituição, da qual se destaca por mero expediente lógico de cunho didático, o subsistema constitucional tributário realiza as funções do todo, dispondo sobre os poderes capitais do Estado, no campo da tributação, ao lado de medidas que asseguram as garantias imprescindíveis à liberdade das pessoas, diante daqueles poderes.*(16)

Vejamos agora os desdobramentos do sistema constitucional tributário em relação às pessoas políticas e aos contribuintes.

2.2. Competência tributária

No trato desta matéria alguns doutrinadores fazem referência a 'poder tributário' ao invés de competência tributária. Parece-nos, na ver-

(14) Cf. *Hipótese de incidência tributária*, p. 42.
(15) *Curso de direito constitucional*, p. 349.
(16) *Curso de direito tributário*, p. 142.

dade, que a expressão 'poder' tem o condão de significar algo soberano, sem limites. Por essa razão preferimos a expressão 'competência tributária'. Igual linha de pensamento é desenvolvida por *Roque Carrazza*, ao afirmar que a força tributante estatal não atua entre nós livremente, mas dentro dos limites traçados pelo direito positivo, daí que cada um dos entes políticos não possui poder tributário, mas sim competência tributária como decorrência de sua autonomia.(17)

Com efeito, a delimitação das competências tributárias, em nosso país — sempre e sempre por meio da Constituição Federal —, é decorrência natural dos princípios federativo e da autonomia, funcionando como meio para a garantia destes.

É bom lembrar, aqui, que a Constituição Federal não cria tributos. Atribui competência tributária para as pessoas jurídicas de direito público instituí-los. Como é uma faculdade e não uma obrigação, essas pessoas instituem os tributos se quiserem, nada impedindo que não o façam.(18) Só essas pessoas podem criar tributos, por meio de seus parlamentos, visto que a competência tributária é exercida por meio de lei.

Não se confunda, entretanto, competência tributária com capacidade tributária. A primeira diz respeito à atribuição dada pela Constituição Federal a certas pessoas públicas para instituírem o tributo, enquanto a segunda diz respeito à capacidade de ser sujeito ativo da relação jurídico-tributária. Noutros termos: a capacidade para cobrar o tributo. É atribuída pela própria Constituição ou por lei. Note-se que a capacidade tributária pode ser exercida por quem não possui Poder Legislativo, pois depende exclusivamente de atos administrativos. É o caso do Instituto Nacional do Seguro Social — INSS que possui capacidade tributária para exigir inúmeras contribuições sociais e, de fato, figura como sujeito ativo na relação jurídico-tributária. Como registra *Geraldo Ataliba*, nada impede que a lei atribua capacidade tributária a pessoas privadas, desde que tenham finalidades públicas, mesmo não realizando atos administrativos.(19) É o caso do SESC/SENAC e SESI/SENAI.

O tributo é criado, em regra, por meio de lei ordinária, instrumento adequado para sua instituição e só excepcionalmente por meio de lei complementar, nas hipóteses expressamente previstas na Lei Maior.

---

(17) Cf. *Curso de direito constitucional tributário*, p. 435.

(18) A União, até hoje, decorridos mais de dezoito anos da promulgação da Constituição Federal, não institui o imposto sobre grandes fortunas — art. 153, VII.

(19) Cf. *Hipótese de incidência tributária*, p. 35.

2.3. Tributo

O conceito de tributo é puramente constitucional. Daí a assertiva de *Alfredo Augusto Becker*:

Quem preferir caminho diferente, defrontar-se-á com múltiplos problemas jurídicos e não os poderá resolver; apenas conseguirá apaziguar as suas dúvidas, embriagando-se com ilogismos eruditos dissolvidos no remoinho da retórica e utilizando o estupidificante, aliás muito cômodo, dos fundamentos 'óbvios'.[20]

Por essa razão, é com cautela que deve ser analisado o conceito de tributo insculpido no art. 3º do Código Tributário Nacional, *in litteris*:

Tributo é toda prestação pecuniária compulsória, em moeda ou cujo valor nela se possa exprimir, que não constitua sanção de ato ilícito, instituída em lei e cobrada mediante atividade administrativa plenamente vinculada.

Já adiantamos que a concepção de tributo do CTN — arts. 3º, 4º e 5º — não se presta, *in totum*, para definir as contribuições e os empréstimos compulsórios, tributos por determinação constitucional. Nenhum problema nisso, pois o conceito de tributo não mantém-se inalterado *ad eternum*, ao contrário, é dependente da realidade jurídica onde está inserido, o que levou *Geraldo Ataliba* a afirmar que "há de ser formulado, hoje, de modo diverso, relativamente ao passado. Sofreu evolução. Aquele, aqui vigente, pode não ser extensível a todos os sistemas atuais. (...) Como todo conceito jurídico-positivo, é mutável, por reforma constitucional."[21]

Eis a definição de tributo de *Geraldo Ataliba*:

Juridicamente, define-se tributo como obrigação jurídica pecuniária, ex lege, que se não constitui em sanção de ato ilícito, cujo sujeito ativo é uma pessoa pública (ou delegado por lei desta), e cujo sujeito passivo é alguém nessa situação posto pela vontade da lei, obedecidos os desígnios constitucionais (explícitos ou implícitos).[22]

Para *Roque Carrazza*, o conceito também deriva do Estatuto Supremo:

---

(20) Apud Geraldo Ataliba, *Hipótese de incidência tributária*, p. 33.

(21) Cf. *Hipótese de incidência tributária*, p. 40.

(22) *Idem*, p. 34.

Temos, pois, que, tributo, ao lume de nosso Estatuto Magno, é a relação jurídica que se estabelece entre o Fisco e o contribuinte (pessoa colhida pelo direito positivo), tendo por base a lei, em moeda, igualitária e decorrente de um fato lícito qualquer[23].

Paulo de Barros Carvalho anota que o vocábulo tributo pode ser utilizado com pelo menos seis conceitos diversos. São eles: quantia em dinheiro, prestação correspondente ao dever jurídico do sujeito passivo, direito subjetivo de que é titular o sujeito ativo, relação jurídica tributária, norma jurídica tributária e, finalmente, norma, fato e relação jurídica.[24]

Com efeito, já afirmamos em linhas anteriores que a Constituição Federal é o ponto de partida do estudioso do direito tributário e — não poderia ser diferente — dela é que vamos extrair o conceito de tributo.

Tributo é a relação jurídica, decorrente de lei, na qual uma pessoa, o sujeito ativo, pode exigir de outra, o sujeito passivo, o cumprimento de uma obrigação, em moeda, sendo lícito o fato que originou a obrigação, observados os limites constitucionais.

Gomes Canotilho ensina que ao lado dos direitos fundamentais existem deveres fundamentais. Os deveres fundamentais não são "o outro lado da moeda" dos direitos fundamentais, mas, ao contrário, têm vida própria, o que não impede a existência de deveres conexos com direitos fundamentais. Dentre os deveres fundamentais autônomos refere o dever de pagar tributos.[25]

2.3.1. Estrutura da norma jurídico-tributária

A estrutura das normas jurídico-tributárias é idêntica a das normas jurídicas em geral, segundo os ensinamentos da Teoria Geral do Direito, o que pode ser sintetizado na afirmação de *Marcos Bernardes de Melo* para quem estas prevêem fatos (suporte fático) aos quais imputa certas conseqüências (eficácia jurídica) com implicações no plano do relacionamento intersubjetivo.[26] Por isso diz-se que, no mundo do direito, ao

---

(23) *Curso de direito constitucional tributário*, p. 352.

(24) Cf. *Curso de direito tributário*, p. 19.

(25) Cf. *Direito constitucional*, p. 559. *Canotilho* cita os seguintes exemplos de deveres conexos com direitos fundamentais: o dever de trabalhar, correlacionado com o direito ao trabalho; o dever de educação dos filhos correspondente ao direito dos pais; o dever de defesa e promoção da saúde associado ao direito à proteção da saúde; o dever de defesa do ambiente relacionado com o direito ao ambiente; o dever de escolaridade básica relacionado ao direito ao ensino; entre outros.

(26) Cf. *Teoria do fato jurídico*, p. 26.

contrário do mundo da natureza, a relação é de imputação e não de causalidade. Note-se bem: as conseqüências nascem para o mundo do Direito, daí ser lícito dizer que o Direito cria suas próprias realidades.

O fenômeno da incidência nasce, assim, a partir da ocorrência, no mundo dos fatos, da situação hipoteticamente prevista na norma jurídica, é dizer, a incidência opera entre iguais: a conseqüência prevista hipoteticamente na norma jurídica terá lugar se e somente se o fato concreto for exatamente idêntico ao previsto naquela.

Paulo de Barros Carvalho ensina que a regra-matriz de incidência é composta por uma hipótese a qual se conjuga um mandamento, por meio de uma forma associativa denominada cópula-deôntica, ou seja, o dever-ser que caracteriza a imputação jurídico-normativa.(27)

Nessa linha de raciocínio, a hipótese trará a descrição de um fato, relevante para o direito, e a conseqüência determinará a relação jurídica que nascerá com a ocorrência do fato. Daí aludido autor falar em descritor e prescritor.

Pois bem, tanto a hipótese (descritor) quanto a conseqüência (prescritor, mandamento) contêm aspectos que nem sempre saltam aos olhos num primeiro momento, sendo freqüentemente necessária a atividade de interpretação do jurista para revelá-los, sem, entretanto, fugir à regra: toda regra-matriz de incidência possui tais aspectos. Essa realidade levou *Paulo de Barros Carvalho* a afirmar que o jurista, assim, é compelido a um penoso trabalho de composição. Sucintamente, assim descreve a estrutura da regra-matriz de incidência:

> *Na hipótese (descritor), haveremos de encontrar um critério material (comportamento de uma pessoa), condicionado no tempo (critério temporal) e no espaço (critério espacial). Já na conseqüência (prescritor) depararemos com um critério pessoal (sujeito ativo e sujeito passivo) e um critério quantitativo (base de cálculo e alíquota). A conjugação desses dados indicativos nos oferece a possibilidade de exibir, na sua plenitude, o núcleo lógico-estrutural da norma-padrão de incidência tributária.*(28)

Tomemos um exemplo: a contribuição para a seguridade social, a cargo da empresa, incidente sobre o total das remunerações pagas

---

(27) Cf. *Curso de direito tributário*, p. 238.
(28) *Idem*, p. 239.

ou creditadas a qualquer título, no decorrer do mês, aos segurados contribuintes individuais que lhe prestem serviços, instituída pela Lei n. 8.212/91, art. 22, III.

Na hipótese encontraremos os critérios material — remunerar segurado contribuinte individual da seguridade social; temporal — o decorrer do mês, não importa se 30 dias, 1 dia ou uma fração de dia;[29] e espacial — o território nacional, já que a competência para a instituição de contribuições de seguridade social é privativa da União, por meio de lei federal. *Geraldo Ataliba* observa que raramente o critério espacial vem de forma explícita na hipótese de incidência, o que é dispensável, pois está vinculado ao âmbito de competência do legislador infraconstitucional.[30]

No conseqüente estão os critérios pessoal — sujeito ativo, o INSS, sujeito passivo, a empresa; e quantitativo — base de cálculo, o total das remunerações pagas ou creditadas a qualquer título, no decorrer do mês, aos segurados contribuintes individuais que lhe prestem serviços; e alíquota, 20%.

Tem-se, assim, revelada a integralidade da regra-matriz de incidência do tributo em questão.

Como *Daniel Pulino*, pensamos que esse modo de abordagem do fenômeno jurídico não pode consistir num fim em si mesmo, mas sim como valioso instrumento de análise.[31] Por feliz coincidência com esse autor, também estamos convencidos de que este instrumento contribuirá para a compreensão do objeto de nosso estudo.

2.3.2. Classificação

A doutrina brasileira, inspirada em *A. D. Giannini* (Istituzioni di Diritto Tributario) e liderada por *Geraldo Ataliba*, classifica os tributos em vinculados e não vinculados.[32]

O critério utilizado para esta classificação reside na consistência da hipótese de incidência, é dizer, em seu aspecto material. Segundo

---

(29) O critério temporal não se confunde com o prazo para pagamento do tributo que, nas contribuições de seguridade social, vence no mês seguinte ao da competência.
(30) Cf. *Hipótese de incidência tributária*, p. 105.
(31) Cf. *A aposentadoria por invalidez no direito positivo brasileiro*, p. 65.
(32) Cf. MACHADO, Hugo de Brito, *Curso de Direito Tributário*, p. 235.

expôs *Geraldo Ataliba*, em todas as legislações existentes verificamos que o aspecto material da hipótese de incidência ou consiste numa atividade do poder público (ou numa repercussão desta) ou, de outro modo, num fato absolutamente indiferente a uma atuação estatal.(33)

Para os autores que adotaram o critério tricotômico, entre eles Geraldo Ataliba, a classificação fundamentada na consistência da hipótese de incidência é suficiente para a distinção de todos os tributos, pois para estes a Constituição de 88 previu apenas impostos, taxas e contribuições. Negam autonomia para os empréstimos compulsórios e para as contribuições previstas no art. 149. Assim, tributos vinculados seriam as taxas e as contribuições e tributos não vinculados seriam os impostos.

A Constituição de 88, porém, trouxe ingrediente novo que não pode passar despercebido: a finalidade constitucionalmente determinada.

Por muito tempo — e até hoje — muitos dos maiores tributaristas acusaram de 'anticientífico' e 'antijurídico' qualquer critério de classificação que levasse em consideração a finalidade, argumentando, inclusive, que essa característica deveria preocupar exclusivamente a Ciência das Finanças. *Marco Aurélio Greco* faz crítica a esse respeito, concluindo que, nesse pensar, o Direito acabaria fechado em si mesmo, sempre construído em função do passado e, quando algo novo surgisse, ou seria enquadrado dentro dos padrões já existentes ou seria uma exceção, uma categoria 'atípica'.(34)

---

(33) Cf. *Hipótese de incidência tributária*, p.130.

(34) Cf. Contribuições: uma figura *sui generis*, p. 28. Vale transcrever seu comentário sobre essa situação: "Postura deste tipo encontra-se, por exemplo, nos doutrinadores que, por não admitirem que possam existir outras figuras além dos tributos vinculados e não vinculados, mas como não conseguem explicar o elemento finalidade que é inerente às contribuições, acabam por serem levados a sustentar que elas seriam 'impostos com destinação específica'. A perplexidade que subjaz a este tipo de colocação é semelhante à relatada por Umberto Eco (Kant e l'ornitorrinco, Bompiani, Milão, 1997.) em relação aos biólogos do século XVIII quando depararam com o ornitorrinco, um animal que não se enquadrava em nenhuma das categorias 'científicas' existentes pois é ovíparo e mamífero. A primeira reação de tais cientistas foi afirmar que o animal empalhado que lhes fora apresentado era uma farsa; mas quando os exploradores da Austrália trouxeram um animal vivo e que se reproduzia, o debate sobre a sua 'classificação' estendeu-se por 80 anos sem que houvesse consenso quanto à 'natureza' do animal. Os cientistas debatiam sobre categorias abstratas, sobre idéias, enquanto o animal se alimentava e reproduzia. E, paradoxalmente, passados 80 anos, a solução encontrada foi criar, dentro da classificação dos animais, uma categoria específica para ele (Umberto Eco, op. Cit., pp. 208 e segs, especialmente p. 215). Isto leva a perguntar, em tom jocoso, se as contribuições não seriam o ornitorrinco do Direito Tributário brasileiro!"

Para os que admitem que a Constituição de 88 previu cinco espécies tributárias,[35] a consistência da hipótese de incidência não é suficiente para classificação dos empréstimos compulsórios e das contribuições previstas no art. 149, já que a destinação constitucionalmente determinada integra a definição constitucional desses tributos. Tal observação não retira a validade da classificação de *Giannini*, mas é necessário considerar a finalidade para a nova classificação. Longe de nos afastar de um critério jurídico, seguimos as lições de *Alfredo Augusto Becker*, *Geraldo Ataliba* e *Roque Carrazza*, para quem o conceito de tributo é puramente constitucional, já que essa conclusão deriva da interpretação sistemática do Texto Constitucional, buscando, como ensina *Vito Velluzzi*, fazer coerente o sistema, prevenindo antinomias e conflitos entre as normas.[36]

O art. 145 da Constituição Federal inaugura o Capítulo do Sistema Tributário Nacional, anunciando a competência comum da União, dos Estados, do Distrito Federal e dos Municípios para a instituição de impostos; taxas, em razão do exercício do poder de polícia ou pela utilização, efetiva ou potencial, de serviços públicos específicos e divisíveis, prestados ao contribuinte ou postos a sua disposição; e contribuições de melhoria, decorrentes de obras públicas.

A só leitura dessa disposição constitucional leva à conclusão, precipitada, de que nosso sistema jurídico admite a existência exclusiva dessas três espécies tributárias. Mas o sistema jurídico, sobretudo o corpo constitucional, deve ser considerado como um todo harmônico, o que levou alguns autores à construção do princípio da unidade da constituição. *Tércio Sampaio*, a esse respeito, discorrendo sobre o método de interpretação sistemática, aponta que a sua pressuposição hermenêutica é a da unidade do sistema jurídico do ordenamento.[37]

Assim, não podem deixar de ser considerados os arts. 148 e 149 da Constituição Federal, os quais autorizam a União a instituir, mediante lei complementar, empréstimos compulsórios e, mediante lei ordinária, contribuições sociais, de intervenção no domínio econômico e de interesse das categorias profissionais ou econômicas, como instrumento de sua atuação nas respectivas áreas.

---

(35) É a posição do Supremo Tribunal Federal, *v.g.* RE 146733, DJ 12.03.93.
(36) Cf. *Interpretação sistemática: Um conceito realmente útil?*, p. 81.
(37) Cf. *Introdução ao estudo do direito: técnica, decisão, dominação*, p. 288.

Mas se os empréstimos compulsórios e as contribuições (sociais, interventivas e corporativas) são tributos, por que razão não estão previstos no art. 145?

Pela razão de que no art. 145 estão previstos tributos cuja competência para instituição é comum à União, Estados, Distrito Federal e Municípios, enquanto que aqueles previstos nos arts. 148 e 149 são de competência exclusiva da União.[38]

Decorre daí o reconhecimento de cinco espécies tributárias. Cumpre oferecer critério seguro para distingui-las, com fundamento na Constituição Federal, para o que apresentamos a seguinte proposta de classificação, levando em consideração os estudos de *Geraldo Ataliba*:

UMA PROPOSTA DE CLASSIFICAÇÃO — A CONJUGAÇÃO DO CRITÉRIO DA CONSISTÊNCIA DA HIPÓTESE DE INCIDÊNCIA COM A FINALIDADE CONSTITUCIONALMENTE DETERMINADA

O critério da consistência da hipótese de incidência como parâmetro de classificação já foi visto anteriormente. A esse critério, conjugamos um outro: a previsão, no corpo constitucional, de finalidade determinada.

Assim, percorremos as seguintes etapas para classificar juridicamente um tributo: primeiro, analisamos se o tributo foi criado com finalidade constitucionalmente determinada. Em caso positivo, buscamos desvendar qual foi a finalidade. A Constituição Federal admite as seguintes hipóteses:

1. para atender a despesas extraordinárias, decorrentes de calamidade pública, de guerra externa ou sua iminência; ou no caso de investimento público de caráter urgente e de relevante interesse nacional, situação onde estaremos diante de um empréstimo compulsório (art. 148).

2. para intervenção no domínio econômico — contribuições interventivas (art. 149); para o interesse das categorias profissionais ou econômicas, como instrumento de sua atuação nas respectivas áreas — contribuições corporativas (art. 149); com finalidade social, caso em que estaremos diante de uma contribuição social:

(38) A recente previsão da contribuição de iluminação pública, de competência dos Municípios e Distrito Federal não invalida esse raciocínio: a um, porque inserida pelo poder constituinte derivado, a dois, porque de constitucionalidade duvidosa; a três, porque não sendo de competência comum da União, Estados, Distrito Federal e Municípios não poderia figurar no rol do art. 145.

ou contribuição social geral (art. 149 — Lei Complementar n. 110/01) ou contribuições sociais especiais (arts. 195 e 239 — contribuições sociais de seguridade social; art. 212, §5º — contribuição social denominada salário-educação; art. 240 — contribuição social do Sistema 'S'.); por fim, sem adentrar no exame da constitucionalidade da exação, por não estar compreendida no âmbito deste trabalho, se o tributo tiver por finalidade custear o serviço de iluminação pública, estaremos diante de contribuição para o custeio de iluminação pública, aparentemente uma quarta espécie de contribuição, gerada no mesmo parto da Emenda Constitucional n. 39/02.

Respondida negativamente aquela pergunta, ou seja, o tributo não foi criado com finalidade constitucionalmente determinada, passamos ao critério de classificação proposto por *Geraldo Ataliba*, com fundamento nos estudos de *A. D. Giannini*: a consistência do aspecto material da hipótese de incidência, visto que nesta etapa da classificação podem ter sobrevivido apenas impostos, taxas e contribuições de melhoria.

De forma esquemática, temos os seguintes passos:

Há finalidade constitucionalmente determinada?

Art. 148 — Empréstimos Compulsórios.

Sim. Qual?

Art. 149 — Contribuições Interventivas, Contribuições Corporativas, Contribuições Sociais Gerais (LC 110),[39] ou Contribuições Sociais Especiais (arts. 195 e 239 — contribuições sociais de seguridade social; art. 212, § 5º — contribuição social denominada salário-educação; art. 240 — contribuição social do Sistema 'S').

Não (hipótese onde sobrevivem apenas impostos, taxas e contribuições de melhoria). Critério de *Geraldo Ataliba*: consistência do aspecto material da hipótese de incidência:

Impostos

Taxas

Contribuições de Melhoria

---

(39) A LC n. 110/01 é um exemplo de instituição de contribuição social geral com fundamento no art. 149 da Constituição Federal. Reza seu art. 1º: "Fica instituída contribuição social devida pelos empregadores em caso de despedida de empregado sem justa causa, à alíquota de dez por cento sobre o montante de todos os depósitos devidos, referentes ao Fundo de Garantia do Tempo de Serviço — FGTS, durante a vigência do contrato de trabalho, acrescido das remunerações aplicáveis às contas vinculadas." Tem finalidade determinada: o FGTS.

2.3.3. Espécies tributárias

2.3.3.1 Impostos

O conceito de imposto decorre da própria Constituição. O Código Tributário Nacional, em seu art. 16, assim define imposto:

> *Imposto é o tributo cuja obrigação tem por fato gerador uma situação independente de qualquer atividade estatal específica, relativa ao contribuinte.*

Como afirma *Geraldo Ataliba*, por sorte o conceito acima esposado está correto, mas não incumbe ao legislador formular conceitos, visto que não é mais lúcido do que a doutrina.[40]

Impostos são tributos não vinculados, ou seja, não relacionados com qualquer atividade específica do Estado relativa ao contribuinte. O fato gerador dos impostos não tem qualquer relação com alguma atividade estatal (*v.g.* auferir renda, circular mercadorias, transmitir bens imóveis). É pura conseqüência da soberania estatal — sempre dentro dos limites constitucionais.

De sua natureza de tributo não vinculado decorre a necessidade de observar-se rigidamente os limites constitucionais. Com efeito, podendo ser eleito qualquer comportamento humano revelador de capacidade econômica para figurar no aspecto material da hipótese de incidência, não há qualquer possibilidade de ampliação dos conceitos constitucionalmente previstos.

O Supremo Tribunal Federal já decidiu nesse sentido:

> *TRIBUTO — FIGURINO CONSTITUCIONAL. A supremacia da Carta Federal é conducente a glosar-se a cobrança de tributo discrepante daqueles nela previstos. IMPOSTO SOBRE SERVIÇOS — CONTRATO DE LOCAÇÃO. A terminologia constitucional do Imposto sobre Serviços revela o objeto da tributação. Conflita com a Lei Maior dispositivo que imponha o tributo considerado contrato de locação de bem móvel. Em Direito, os institutos, as expressões e os vocábulos têm sentido próprio, descabendo confundir a locação de serviços com a de móveis, práticas diversas regidas pelo Código Civil, cujas definições são de observância inafastável — art. 110 do Código Tributário Nacional.*[41]

Várias podem ser as classificações dos impostos. A Constituição Federal parece ter classificado os impostos segundo a competência para

---

(40) Cf. *Hipótese de incidência tributária*, p. 135.
(41) RE n. 116121, DJ 25.05.01.

sua instituição. Assim, seriam federais, estaduais e municipais. *Hugo de Brito Machado* adota essa classificação.[(42)]

Geraldo Ataliba, por seu turno, afirma que os impostos podem ser classificados em pessoais e reais.[(43)]

Pessoais são aqueles que levam em consideração, no aspecto material da hipótese de incidência, qualidades juridicamente qualificadas do sujeito passivo.

Reais, por outro lado, são aqueles onde o aspecto material da hipótese de incidência limita-se a descrever um fato indiferente ao sujeito passivo e suas qualidades.

Nos termos do art. 145, §1º, da Constituição Federal, sempre que possível, os impostos terão caráter pessoal e serão graduados segundo a capacidade econômica do contribuinte, facultado à administração tributária, especialmente para conferir efetividade a esses objetivos, identificar, respeitados os direitos individuais e nos termos da lei, o patrimônio, os rendimentos e as atividades econômicas do contribuinte.

É preciso compreender essa disposição.

Américo Lacombe entende que a expressão 'sempre que possível' somente pode referir-se ao caráter pessoal dos impostos e não à graduação segundo a capacidade econômica do contribuinte, já que esta seria um corolário lógico do princípio da igualdade. Acaba concluindo que o sentido da expressão é este: sempre que possível os impostos terão caráter pessoal, sendo graduados, em qualquer caso, segundo a capacidade econômica do contribuinte.[(44)]

Como vimos, os impostos podem ser classificados em pessoais ou reais. Para nós, a capacidade econômica do contribuinte diz respeito a suas qualidades juridicamente qualificadas, ou seja, refere-se aos impostos pessoais. Assim, a capacidade econômica do contribuinte não pode ser considerada nos impostos reais. Veja-se, a título de exemplo elucidativo, que o valor final do imposto sobre a propriedade de veículos automotores para dois veículos idênticos — por óbvio — é o mesmo, não importando se para um contribuinte o veículo representa 90% de sua fortuna e para outro apenas 1%. Nesse sentido vem decidindo o Supremo Tribunal Federal.[(45)]

---

(42) Cf. *Curso de direito tributário*, p. 237.

(43) Cf. *Hipótese de incidência tributária*, p. 143.

(44) Cf. *Princípios constitucionais tributários*, p. 27 e ss.

(45) RE n. 248892, DJ 31.03.00. Eis a ementa: TRIBUTÁRIO. IPTU PROGRESSIVO. MUNICÍPIO DO RIO DE JANEIRO. ART. 67 DA LEI N. 691/84. PRECEDENTES. 1. É

2.3.3.2. Taxas

Taxas são tributos vinculados, pois seu fato gerador é vinculado a uma atividade estatal diretamente relacionada com o contribuinte. Nos termos do art. 145, II, da Constituição Federal, as taxas são cobradas em razão do exercício do poder de polícia ou pela utilização, efetiva ou potencial de serviços públicos específicos e divisíveis, prestados ao contribuinte ou postos a sua disposição. É a consistência da hipótese de incidência, portanto, que permite identificar um tributo como taxa. Além disso, sua base imponível deve medir o conteúdo dimensível dos fatos que expressam a atividade estatal, na precisa lição de *Aires Barreto*.[46]

No mesmo sentido *Paulo de Barros Carvalho*:

> *Taxas são tributos que se caracterizam por apresentarem, na hipótese da norma, a descrição de um fato revelador de uma atividade estatal, direta e especificamente dirigida ao contribuinte. Nisso diferem dos impostos, e a análise de suas bases de cálculo deverá exibir, forçosamente, a medida da intensidade da participação do Estado. Acaso o legislador mencione a existência de taxa, mas eleja base de cálculo mensuradora de fato estranho a qualquer atividade do Poder Público, então a espécie tributária será outra, naturalmente imposto.*[47]

A base de cálculo da taxa, assim, revela sempre uma dimensão econômica do exercício do poder de polícia ou do serviço público específico e divisível. Noutros termos: o valor total arrecadado pela taxa deve ser equivalente ao custo da atividade para o Estado. Dessa forma, o Estado divide esses gastos específicos com os usuários do serviço, evitando o enriquecimento sem causa destes e obedecendo ao princípio da isonomia.

É preciso diferenciar o mecanismo de divisão dos gastos públicos que se verifica nas taxas com a finalidade constitucionalmente determinada das contribuições, sobretudo das contribuições de seguridade social.

---

pacífica a jurisprudência desta Corte no sentido de que a progressividade do IPTU, que é imposto de natureza real em que não se pode levar em consideração a capacidade econômica do contribuinte, só é admissível, em face da Constituição Federal, para o fim extrafiscal de assegurar o cumprimento da função social da propriedade. 2. O art. 67 da Lei n. 691/84, do Município do Rio de Janeiro, que instituiu a progressividade do IPTU levando em conta a área e a localização dos imóveis — fatos que revelam a capacidade contribuitiva —, não foi recepcionado pela Carta Federal de 1988. 3. Recurso extraordinário não conhecido.

(46) Cf. *Base de cálculo, alíquota e princípios constitucionais*, p. 70.

(47) *Curso de direito tributário*, pp. 38/39.

A seguridade social tem orçamento próprio — art. 165, § 5º, III. Na dicção constitucional, todas as contribuições de seguridade social vão integrar este orçamento, o qual vai financiar a seguridade social. Por isso, essas contribuições têm como finalidade constitucionalmente determinada o respectivo orçamento com o objetivo de financiar a seguridade social.

Nas demais contribuições arroladas nos arts. 149, 212, § 5º e 240, todos da Constituição Federal, não há orçamento próprio, mas esses tributos são instituídos sempre com finalidade determinada. O valor arrecadado é separado do orçamento, já nasce vinculado à despesa que o originou. Assim, a contribuição social denominada salário-educação tem finalidade constitucionalmente determinada, qual seja, o financiamento do ensino fundamental público e os valores arrecadados são depositados no Fundo Nacional de Desenvolvimento da Educação. Mas, ao contrário das taxas, nas contribuições é o próprio valor arrecadado que vai financiar aquelas atividades específicas. Nas taxas, por outro lado, os gastos ocorrem antecipadamente, são custeados pelo próprio Estado, e o valor arrecadado apenas vai 'compensar' aqueles gastos. Não têm finalidade constitucionalmente determinada. Não são separados do orçamento, pelo contrário, vão integrar o orçamento fiscal. Esse mecanismo diferencia profundamente as taxas das contribuições e será novamente abordado no item 4.3.

A prestação do serviço público que enseja a cobrança de taxa é aquela específica e divisível, ou seja, capaz de ser mensurada em relação a cada contribuinte.

Se for instituído tributo pela prestação de serviço público *uti universi*, estaremos diante de imposto, mesmo que denominado taxa.

Nesse sentido vem decidindo o Supremo Tribunal Federal, como demonstra o seguinte julgado:

> *Recurso extraordinário. Mandado de segurança. Taxa de Conservação e Manutenção das Vias Públicas. Inconstitucionalidade incidental. 2. Acórdão que declarou a inconstitucionalidade de lei que instituiu a cobrança de Taxa de Conservação e Manutenção das Vias Públicas, por afronta ao disposto no art. 145, II, da CF. 3. Entendimento firmado pelo STF no sentido de que a base de cálculo é "própria de imposto e não de taxa por serviços específicos e divisíveis postos à disposição do seu contribuinte" e "não tendo o município — uma vez que, em matéria de impostos, a competência*

é da União — competência para criar tributos outros que não os que a Constituição lhe atribui, o imposto dissimulado pela taxa é inconstitucional"(RE 121.617). 4. Recurso não conhecido. Lei Complementar n. 37, de 29 de dezembro de 1998, do Município de Aracaju, declarada inconstitucional.[48]

Como decorrência da cobrança por meio de taxa, os serviços públicos específicos e divisíveis sujeitam-se ao regime jurídico-tributário, inclusive à limitação constitucional da legalidade e ao princípio da destinação pública dos tributos. Este último decorre do princípio republicano e mereceu as seguintes palavras de *Aliomar Baleeiro*:

Tributo, imposto designam, em todas as línguas, pagamento compulsório ao Estado e para o Estado. Só para o Estado se tributa. Não há tributo privado.

Não o diz a Constituição, mas está implícito que esse poder extremo e fundamental corresponde aos encargos com o funcionamento dos serviços públicos, ou exercício das atribuições em que são investidas as três órbitas governamentais. Não havia, aliás, necessidade de deixar expressa essa destinação exclusiva, porque, historicamente, nunca foi de outro modo, desde que a Igreja perdeu a competência tributária dos tempos coloniais, quando associada outrora à Coroa portuguesa. Os tributos são reservados exclusivamente para fins públicos. Não existem discrepâncias entre os financistas.[49]

Nesse sentido é a jurisprudência do Supremo Tribunal Federal:

AÇÃO DIRETA DE INCONSTITUCIONALIDADE — CUSTAS JUDICIAIS E EMOLUMENTOS EXTRAJUDICIAIS — NATUREZA TRIBUTÁRIA (TAXA) — DESTINAÇÃO PARCIAL DOS RECURSOS ORIUNDOS DA ARRECADAÇÃO DESSES VALORES A INSTITUIÇÕES PRIVADAS — INADMISSIBILIDADE — VINCULAÇÃO DESSES MESMOS RECURSOS AO CUSTEIO DE ATIVIDADES DIVERSAS DAQUELAS CUJO EXERCÍCIO JUSTIFICOU A INSTITUIÇÃO DAS ESPÉCIES TRIBUTÁRIAS EM REFERÊNCIA — DESCARACTERIZAÇÃO DA FUNÇÃO CONSTITUCIONAL DA TAXA — RELEVÂNCIA JURÍDICA DO PEDIDO — MEDIDA LIMINAR DEFERIDA. NATUREZA JURÍDICA DAS CUSTAS JUDICIAIS E DOS EMOLUMENTOS EXTRAJUDICIAIS. — A jurisprudência do Supremo Tribunal Federal firmou orientação no sentido

---

(48) RE n. 293536, DJ 17.05.02.

(49) *Limitações constitucionais ao poder de tributar*, p. 784.

de que as custas judiciais e os emolumentos concernentes aos serviços notariais e registrais possuem natureza tributária, qualificando-se como taxas remuneratórias de serviços públicos, sujeitando-se, em conseqüência, quer no que concerne à sua instituição e majoração, quer no que se refere à sua exigibilidade, ao regime jurídico-constitucional pertinente a essa especial modalidade de tributo vinculado, notadamente aos princípios fundamentais que proclamam, dentre outras, as garantias essenciais (a) da reserva de competência impositiva, (b) da legalidade, (c) da isonomia e (d) da anterioridade. Precedentes. Doutrina. SERVENTIAS EXTRAJUDICIAIS. — A atividade notarial e registral, ainda que executada no âmbito de serventias extrajudiciais não oficializadas, constitui, em decorrência de sua própria natureza, função revestida de estatalidade, sujeitando-se, por isso mesmo, a um regime estrito de direito público. A possibilidade constitucional de a execução dos serviços notariais e de registro ser efetivada "em caráter privado, por delegação do poder público" (CF, art. 236), não descaracteriza a natureza essencialmente estatal dessas atividades de índole administrativa. — As serventias extrajudiciais, instituídas pelo Poder Público para o desempenho de funções técnico-administrativas destinadas "a garantir a publicidade, a autenticidade, a segurança e a eficácia dos atos jurídicos" (Lei n. 8.935/94, art. 1º), constituem órgãos públicos titularizados por agentes que se qualificam, na perspectiva das relações que mantêm com o Estado, como típicos servidores públicos. Doutrina e Jurisprudência. — DESTINAÇÃO DE CUSTAS E EMOLUMENTOS A FINALIDADES INCOMPATÍVEIS COM A SUA NATUREZA TRIBUTÁRIA. — Qualificando-se as custas judiciais e os emolumentos extrajudiciais como taxas (RTJ 141/430), nada pode justificar seja o produto de sua arrecadação afetado ao custeio de serviços públicos diversos daqueles a cuja remuneração tais valores se destinam especificamente (pois, nessa hipótese, a função constitucional da taxa — que é tributo vinculado — restaria descaracterizada) ou, então, à satisfação das necessidades financeiras ou à realização dos objetivos sociais de entidades meramente privadas. É que, em tal situação, subverter-se-ia a própria finalidade institucional do tributo, sem se mencionar o fato de que esse privilegiado (e inaceitável) tratamento dispensado a simples instituições particulares (Associação de Magistrados e Caixa de Assistência dos Advogados) importaria em evidente transgressão estatal ao postulado constitucional da igualdade. Precedentes.[50]

2.3.3.3. Contribuições de melhoria

Contribuições de melhoria são tributos vinculados, eis que seu fato gerador é relacionado com a atividade estatal que resultou na valorização imobiliária, qual seja, uma obra pública.

(50) ADI n. 1378, DJ 30.05.97.

O que dá ensejo à cobrança de contribuição de melhoria não é qualquer obra pública, mas a valorização de imóvel do contribuinte dela decorrente. Assim, realização de obra pública sem valorização não dá lugar a esse tributo. Esse cenário já existia no ordenamento constitucional pretérito e manteve-se na atual Carta.

O Supremo Tribunal Federal tem decidido neste sentido:

Contribuição de melhoria. Recapeamento de via pública já asfaltada, sem configurar a valorização do imóvel, que continua a ser requisito ínsito para a instituição do tributo, mesmo sob a égide da redação dada, pela Emenda n. 23, ao art. 18, II, da Constituição de 1967. Recurso extraordinário provido, para restabelecer a sentença que julgara inconstitucional a exigência.(51)

Tendo em vista que todos os contribuintes concorrem para os recursos públicos, por meio dos impostos, não seria justo permitir que alguns auferissem vantagem do esforço comum, razão pela qual referido tributo busca evitar o enriquecimento sem causa. Por essa razão o valor do tributo não pode ultrapassar a valorização imobiliária auferida pelo contribuinte.

Geraldo Ataliba classifica as contribuições pela posição relativa do elemento intermediário integrante da hipótese de incidência. Esse elemento estabelece a conexão entre a atuação estatal e o contribuinte.(52)

O elemento intermediário pode ser causado pela ação estatal ou, noutros termos, a atuação estatal provoca uma conseqüência que é o elemento intermediário, caso em que estamos diante de uma contribuição provocante, pois a ação estatal provoca, dá origem, ao elemento intermediário. É o caso da contribuição de melhoria, onde a ação estatal — realização da obra pública — provoca o elemento intermediário — valorização da obra — que se liga ao contribuinte.

De outro modo, o elemento intermediário, que se relaciona com o contribuinte, pode provocar a ação estatal, hipótese de contribuição provocada. Nessa situação o contribuinte desenvolve uma atividade que causa o elemento intermediário que, por sua vez, provoca a atuação estatal. *Geraldo Ataliba*, com fundamento em *Giannini*, cita a *contributo integrativo di utenza stradale*, "cuja h.i. é o particular desempenhar atividade comercial ou industrial que causa, com o trânsito de certos

---

(51) RE n. 116148, DJ 21.05.93.
(52) Cf. *Hipótese de incidência tributária*, p. 185.

veículos, especial desgaste nas estradas". O elemento intermediário, provocante da atuação estatal, é o desgaste.[53]

Resta ressaltar que a contribuição de melhoria prevista no art. 145, III, da Constituição Federal tem, em comum com as demais contribuições do Texto Constitucional, exclusivamente o nome, nada mais. É outra espécie de tributo, obedece a distinto regime jurídico e não tem finalidade constitucionalmente determinada. Aqui, diferentemente inclusive das taxas, o poder público não busca ressarcimento com o gasto da obra, que não integra a base de cálculo do tributo, já que esta é uma medida da valorização experimentada pelo contribuinte, mas tão somente evitar o enriquecimento sem causa e dar cumprimento ao princípio da igualdade.

2.3.3.4. Empréstimos compulsórios

O art. 148 da Constituição Federal revela o conceito de empréstimo compulsório: é tributo com finalidade constitucionalmente determinada, ou para atender a despesas extraordinárias, decorrentes de calamidade pública, de guerra externa ou sua iminência, ou no caso de investimento público de caráter urgente e de relevante interesse nacional.

Na tradicional classificação dos tributos em vinculados e não vinculados, *Geraldo Ataliba* aponta como critério de discrímen entre taxas e contribuições a referibilidade entre o aspecto material e pessoal.[54] Se a referibilidade em questão for direta, teremos taxa. Pelo contrário, se for indireta, teremos contribuição.

Assim, continua o autor, "a hipótese de incidência da taxa é uma atuação estatal diretamente referida ao obrigado (...). A h.i. da contribuição é uma atuação estatal indiretamente referida ao obrigado ...".

Concordamos plenamente com essa tese no que diz respeito à distinção entre taxas e contribuições de melhoria, mas o critério não vale para empréstimos compulsórios e contribuições. Veja-se que os empréstimos compulsórios podem ser instituídos para atender a despesas extraordinárias decorrentes de calamidade pública. Assim, nada impede a cobrança do tributo de contribuintes residentes em todo o país para atender a calamidade pública verificada em uma região específica,

---

(53) *Idem*, p. 186.
(54) *Idem*, p. 147.

segundo pensamos. Não há, nessa hipótese, referibilidade alguma em relação aos contribuintes residentes em outras regiões.

O mesmo raciocínio vale para as contribuições corporativas. Nesse caso, não há sequer atividade estatal.

O Supremo Tribunal Federal, à luz da Constituição anterior, considerou que o empréstimo compulsório não revelava natureza tributária,[55] entendimento este que consideramos superado pela inserção do empréstimo compulsório no Sistema Constitucional Tributário Brasileiro.

(55) STF, Súmula 418.

3. As Contribuições na Constituição Federal de 1988

3.1. A contribuição como espécie tributária

A natureza jurídica das contribuições é tema que suscita caloroso debate na doutrina.

O Código Tributário Nacional, em sua redação primitiva, não contemplava a figura das contribuições, sendo alterado menos de um mês após sua promulgação para a inclusão do art. 217, nesses termos:

> *Art. 217. As disposições desta Lei, notadamente as dos arts 17, 74, § 2º e 77, parágrafo único, bem como a do art. 54 da Lei n. 5.025, de 10 de junho de 1966, não excluem a incidência e a exigibilidade:*
>
> *I — da "contribuição sindical", denominação que passa a ter o imposto sindical de que tratam os arts. 578 e seguintes, da Consolidação das Leis do Trabalho, sem prejuízo do disposto no art. 16 da Lei n. 4.589, de 11 de dezembro de 1964;*
>
> *II — das denominadas "quotas de previdência" a que aludem os arts. 71 e 74 da Lei n. 3.807, de 26 de agosto de 1960 com as alterações determinadas pelo art. 34 da Lei n. 4.863, de 29 de novembro de 1965, que integram a contribuição da União para a previdência social, de que trata o art. 157, item XVI, da Constituição Federal;*
>
> *III — da contribuição destinada a constituir o "Fundo de Assistência" e "Previdência do Trabalhador Rural", de que trata o art. 158 da Lei n. 4.214, de 2 de março de 1963;*
>
> *IV — da contribuição destinada ao Fundo de Garantia do Tempo de Serviço, criada pelo art. 2º da Lei n. 5.107, de 13 de setembro de 1966;*
>
> *V — das contribuições enumeradas no § 2º do art. 34 da Lei n. 4.863, de 29 de novembro de 1965, com as alterações decorrentes do disposto nos arts. 22 e 23 da Lei n. 5.107, de 13 de setembro de 1966, e outras de fins sociais criadas por lei.*

A Constituição Federal de 1967 também não contemplava a figura das contribuições, tendo a Emenda Constitucional n. 01/69 disposto sobre o tema em seu art. 21, § 2º, I:

Art. 21. Compete à União instituir impôsto sôbre:

I — importação de produtos estrangeiros, facultado ao Poder Executivo, nas condições e nos limites estabelecidos em lei, alterar-lhe as alíquotas ou as bases de cálculo;

II — exportação, para o estrangeiro, de produtos nacionais ou nacionalizados, observado o disposto no final do item anterior;

III — propriedade territorial rural;

IV — renda e proventos de qualquer natureza, salvo ajuda de custo e diárias pagas pelos cofres públicos na forma da lei;

V — produtos industrializados, também observado o disposto no final do item I;

VI — operações de crédito, câmbio e seguro ou relativas a títulos ou valôres mobiliários;

VII — serviços de transporte e comunicações, salvo os de natureza estritamente municipal;

VIII — produção, importação, circulação, distribuição ou consumo de lubrificantes e combustíveis líquidos ou gasosos e de energia elétrica, impôsto que incidirá uma só vez sôbre qualquer dessas operações, excluída a incidência de outro tributo sôbre elas; e

IX — a extração, a circulação, a distribuição ou o consumo dos minerais do País enumerados em lei, impôsto que incidirá uma só vez sôbre qualquer dessas operações, observado o disposto no final do item anterior.

§ 1º A União poderá instituir outros impostos, além dos mencionados nos itens anteriores, desde que não tenham fato gerador ou base de cálculo idênticos aos dos previstos nos arts. 23 e 24.

§ 2º A União pode instituir:

I — contribuições, nos têrmos do item I dêste artigo, tendo em vista intervenção no domínio econômico e o interêsse da previdência social ou de categorias profissionais;

Posteriormente, com a Emenda Constitucional n. 08/77, foi acrescentado o inciso X ao art. 43 da Constituição Federal de 1967:

Art. 43. Cabe ao Congresso Nacional, com a sanção do Presidente da República, dispor sôbre tôdas as matérias de competência da União, especialmente:

I — tributos, arrecadação e distribuição de rendas;

II — orçamento anual e plurianual; abertura e operação de crédito; dívida pública; emissões de curso forçado;

III — fixação dos efetivos das fôrças armadas para o tempo de paz;

IV — planos e programas nacionais e regionais de desenvolvimento;

V — criação de cargos públicos e fixação dos respectivos vencimentos, ressalvado o disposto no item III do art. 55;

VI — limites do território nacional; espaço aéreo e marítimo; bens do domínio da União;

VII — transferência temporária da sede do Govêrno Federal;

VIII — concessão de anistia; e

IX — organização administrativa e judiciária dos Territórios.

Com a referida emenda, foi incluído o inciso X, nesses termos:

X — contribuições sociais para custear os encargos previstos nos arts. 165, itens II, V, XIII, XVI e XIX, 166, § 1º, 175, § 4º e 178.[(1)]

Assim, restou nitidamente apartada a competência do Congresso Nacional para dispor sobre matéria tributária (inciso I) e contribuições sociais (inciso X). Daí decorre o entendimento de que as contribuições, a partir da Emenda Constitucional n. 08/77, perderam sua natureza tributária, não estando mais sujeitas ao Código Tributário Nacional.

A Carta de 1988 dispôs de maneira expressa sobre as contribuições.

---

(1) Art. 165. A Constituição assegura aos trabalhadores os seguintes direitos, além de outros que, nos têrmos da lei, visem à melhoria de sua condição social: ... II — salário-família aos seus dependentes; ... V — integração na vida e no desenvolvimento da emprêsa, com participação nos lucros e, excepcionalmente, na gestão, segundo fôr estabelecido em lei; ... XIII — estabilidade, com indenização ao trabalhador despedido ou fundo de garantia equivalente; ... XVI — previdência social nos casos de doença, velhice, invalidez e morte, seguro-desemprêgo, seguro contra acidentes do trabalho e proteção da maternidade, mediante contribuição da União, do empregador e do empregado; ... XIX — aposentadoria para a mulher, aos trinta anos de trabalho, com salário integral. Art. 166. É livre a associação profissional ou sindical; a sua constituição, a representação legal nas convenções coletivas de trabalho e o exercício de funções delegadas de poder público serão regulados em lei. §1º. Entre as funções delegadas a que se refere êste artigo, compreende-se a de arrecadar, na forma da lei, contribuições para custeio da atividade dos órgãos sindicais e profissionais e para a execução de programas de interêsse das categorias por êles representados. Art. 175. A família é constituída pelo casamento e terá direito à proteção dos Podêres Públicos ... §4º. Lei especial disporá sôbre a assistência à maternidade, à infância e à adolescência e sôbre a educação de excepcionais. Art. 178. As emprêsas comerciais, industriais e agrícolas são obrigadas a manter o ensino primário gratuito de seus empregados e o ensino dos filhos dêstes, entre os sete e os quatorze anos, ou a concorrer para aquêle fim, mediante a contribuição do salário-educação, na forma que a lei estabelecer.

A fixação do regime jurídico de um instituto é relevante para determinarmos quais as normas jurídicas aplicáveis. No caso das contribuições, a resposta está na própria Constituição Federal.

Nossa Carta Política dispõe sobre o Sistema Tributário Nacional em seu Título VI, Capítulo I, englobando os arts. 145 a 162. Incluído, portanto, no Sistema Tributário Nacional, está o art. 149, com a seguinte redação:

Art. 149. Compete exclusivamente à União instituir contribuições sociais, de intervenção no domínio econômico e de interesse das categorias profissionais ou econômicas, como instrumento de sua atuação nas respectivas áreas, observado o disposto nos arts. 146, III, e 150, I e III, e sem prejuízo do previsto no art. 195, § 6º, relativamente às contribuições a que alude o dispositivo.

A redação parece não deixar dúvidas: as contribuições têm natureza tributária, sem exceção.

Note-se, ainda, que o legislador constituinte determinou a observação de lei complementar para estabelecer normas gerais de direito tributário, bem como das limitações constitucionais da legalidade, irretroatividade e anterioridade, sendo que, em relação a última, vale a anterioridade especial ou nonagesimal, nos termos do art. 195, § 6º, da Constituição Federal, para aquelas contribuições, matéria que será objeto de estudo adiante.

A só leitura desse artigo deixa claro que referidas contribuições deverão obedecer ao regime jurídico tributário, como bem anota *Roque Antônio Carrazza*.(2)

Outra interpretação do art. 149 poderia levar à conclusão diametralmente oposta, qual seja, em função da parte final deste artigo determinar a observação tão-somente dos arts. 146, III, e 150, I e III, da Constituição Federal, tal situação é juridicamente relevante para a conclusão no sentido de que as contribuições previstas neste artigo não têm natureza tributária, pois, do contrário, deveriam estar submetidas à integralidade do regime jurídico-tributário e não somente a uma parte deste. O argumento é consistente e não passou despercebido por *Marco Aurélio Greco*,(3) o que nos leva a tecer algumas considerações, principalmente responder à seguinte pergunta: para a inserção de uma de-

---

(2) *Curso de direito constitucional tributário*, p. 519.

(3) *Contribuições: uma figura sui generis*, p. 74.

terminada categoria jurídica no contexto de tributo é necessária sua submissão à integralidade do regime jurídico-tributário? Pensamos que não. O regime jurídico-tributário compreende a totalidade das normas jurídicas que dispõe sobre o direito tributário, nada impedindo que certas figuras submetam-se à umas e não à outras, não só por razões políticas, de opção do legislador constitucional, como também por incompatibilidade com certas espécies tributárias, tal como aquela verificada entre o princípio geral enunciado no art. 146, I, e as contribuições do art. 149.[4] Outros muitos exemplos há. Os impostos políticos — CF/88, art. 153, I, II, IV e V — não submetem-se integralmente à limitação da legalidade, eis que podem ter suas alíquotas alteradas pelo Poder Executivo, não obstante nos limites da lei. A delimitação da competência tributária, ponto fundamental de nosso sistema constitucional tributário, intimamente relacionada com os princípios federativo e da autonomia municipal e distrital, pode ser dobrada com a instituição de impostos extraordinários de guerra pela União, nos termos do art. 154, II. Enfim, são vários os exemplos de simples exclusão ou temperamento das normas jurídico-tributárias aplicáveis aos diversos tributos.

De todo exposto, entendemos que as contribuições têm natureza tributária, o que não nos autoriza afirmar, categoricamente, que a razão está conosco nesta discussão, pois na decisão de um caso jurídico difícil, como demonstrou *Aulis Aarnio*, não há uma única resposta correta, mas, de outro modo, o máximo a que se pode chegar é uma solução de tal modo justificada que a maioria da comunidade jurídica possa aceitá-la. Ainda, prossegue o autor citado, a aceitabilidade como meta do raciocínio jurídico é suficiente para os seres humanos. Nesse sentido se pode tratar de maximizar as expectativas da certeza jurídica. Pressupor uma resposta correta não nos ajudará a servir melhor a sociedade. E conclui: o que realmente necessitamos é uma justificação racional.[5]

A esses argumentos, *Robert Alexy* acrescenta que "a idéia regulativa de uma única resposta correta não pressupõe que para cada caso exista uma única resposta correta. Somente pressupõe que em alguns casos se pode dar uma única resposta correta e que não se sabe em

---

(4) Nos termos do art. 146, I, da CF/88 cabe à lei complementar dispor sobre conflitos de competência, em matéria tributária, entre a União, os Estados, o Distrito Federal e os Municípios. Ocorre que nos termos do art. 149 é competência exclusiva da União instituir as contribuições ali previstas, razão pela qual não há qualquer necessidade de aplicar o art. 146, I, às contribuições.

(5) Cf. *La tesis de la única respuesta correcta y el princípio regulativo del razonamento jurídico*, p. 38.

que casos será assim, de maneira que vale a pena procurar encontrar em cada caso a única resposta correta."[6]

Douglas Fischer, no mesmo sentido, afirma que "o que se deve perseguir, então, é o que se denomina de melhor resposta, aquela que se apresenta de forma mais racional, mais razoável para a redução do impasse.[7]

Desse modo, a nossa justificativa racional conclui no sentido da natureza tributária das contribuições.

Mais adiante, no item 5.3, voltaremos à discussão sobre as limitações constitucionais ao poder de tributar excluídas pelo art. 149, *in fine*.

3.2. A finalidade constitucionalmente determinada

O grande diferencial das contribuições trazido pela Constituição de 1988 foi a finalidade constitucionalmente determinada. Diferentemente do que fez em relação aos impostos, taxas e contribuições de melhoria, a Constituição não apontou, quanto às contribuições, possíveis fatos geradores, mas qualificou os fins a serem atingidos com a sua instituição, fato esse bem observado por *Marco Aurélio Greco*.[8] Daí por que tais tributos diferenciam-se dos demais por terem sua finalidade constitucionalmente determinada, o que significa dizer que o produto de sua arrecadação deve ser destinado à consecução dessas finalidades.

Uma primeira observação já se impõe: no mar revolto do Código Tributário Nacional, naufraga aqui o art. 4º daquele Diploma ao prescrever que é irrelevante para determinar a natureza jurídica específica de um tributo a destinação legal do produto de sua arrecadação.

Souto Maior Borges ensina que as teorias científicas devem submeter-se a um "teste de verificabilidade", o qual opera como uma espécie de "seleção darwiniana", onde, segundo ao autor:

> *"... persistem e sobrevivem apenas as que se mostrem mais resistentes à agressão de experimentos cruciais, nada mais que tentativas, malogradas ou não, de ser substituídas por outras de melhor e mais abrangente conteúdo de explicação. (...) Toda contemplação do mundo jurídico é, também ela, observação à luz de teorias, hipótese, seleção de critérios, propostas, a demandar testes os mais rigorosos de confirmação provisória, porque somente deve ser acatada até a superação da teoria por outra."*[9]

---

(6) *Sistemas jurídicos, principios jurídicos y razón práctica*, p. 151.
(7) *Delinqüência Econômica e Estado Social e Democrático de Direito*, p. 39.
(8) *Contribuições: uma figura sui generis*, p. 38.
(9) Cf. *Obrigação tributária: uma introdução metodológica*, p.23 e ss.

Ora, resta claro que a teoria jurídica encampada pelo art. 4º do Código Tributário Nacional não sobrevive frente ao disposto no art. 149 da Constituição Federal. Nenhum problema aqui, pois não é demasiado repetir que o estudioso do direito tributário deve partir sempre e sempre da Constituição Federal, laborando em erros graves e freqüentes aquele que não o fizer. Nesse sentido, não cansava de dizer *Geraldo Ataliba*: "Constrói-se o conceito jurídico-positivo de tributo pela observação e análise das normas jurídicas constitucionais".[(10)]

As contribuições legitimam-se pela determinação de sua finalidade e não pela ocorrência do respectivo fato gerador. É dizer, como *Marco Aurélio Greco*, que as contribuições tem validação finalística, em oposição à validação condicional dos impostos, taxas e contribuições de melhoria.[(11)] Dessa forma, a finalidade adquire relevância superior ao fato gerador, mas, como veremos adiante, este não é desprezível.

Wagner Balera também dá relevância a finalidade. Segundo este autor "só existirão verdadeiras contribuições sociais quando atentar o legislador para a finalidade constitucionalmente definida como sendo a própria desse tipo de exação."[(12)]

O estudo das contribuições de seguridade social enquanto espécie tributária é extraordinariamente dificultado pela visão parcial de grande parte dos estudiosos sobre o assunto, os quais consideram o sistema constitucional tributário e desprezam o sistema constitucional de seguridade social que, inequivocamente, possui normas jurídicas referentes ao custeio da seguridade social, sem as quais resta impossível um estudo científico acerca do assunto.

Segundo a clássica divisão tricotômica dos tributos, a hipótese de incidência é única por tributo, inconfundível com todas as outras, o que possibilitaria a sua eleição como critério de discrímen dos tributos em geral. Nessa linha de raciocínio, não haveria distinção entre o imposto de renda de pessoa jurídica e a contribuição social incidente sobre o lucro, pois a hipótese de incidência de ambas é idêntica. Entretanto, como as contribuições são qualificadas pela finalidade, os dois tributos em questão são distintos, pois o segundo tem finalidade constitucionalmente determinada, qual seja, a seguridade social. Disso tudo, resulta evidenciado que a materialidade da hipótese de incidência não se presta mais como único critério para classificar os tributos à luz da Constituição de 1988.

---

(10) Cf. *Hipótese de incidência tributária*, p. 33.

(11) Cf. *Contribuições: uma figura sui generis*, p. 117.

(12) *Contribuições destinadas ao custeio da seguridade social, Cadernos de Direito Tributário*, n. 49, p. 110.

Questão muito importante e que tem relação com a constitucionalidade do tributo refere-se à destinação material — e não meramente formal — que o Estado dá ao produto da arrecadação.

Noutros termos: é juridicamente relevante, sob o ponto de vista do direito tributário, eventual desvio de finalidade do produto da arrecadação das contribuições?

Ora, como a finalidade integra o próprio conceito jurídico-tributário das contribuições, parece que o desvio de finalidade material tem o condão de anular a própria instituição do tributo, pois ausente pressuposto constitucional que autoriza sua cobrança. A mácula de nulidade contamina a instituição do tributo da mesma forma que o desvio de finalidade contamina o ato administrativo.

Hugo de Brito Machado também entende que a destinação é constitucionalmente relevante, "e faz parte da própria hipótese em que a criação da exação está autorizada, de sorte que o desvio constitui uma desfiguração da situação de fato que, à luz da Constituição, enseja a instituição e a cobrança dessas espécies tributárias".(13)

Misabel Derzi, discorrendo sobre a importância constitucional da destinação do produto arrecadado, assim se manifesta:

> *A Constituição de 1988, pela primeira vez, cria tributos finalisticamente afetados, que são as contribuições e os empréstimos compulsórios, dando à destinação que lhes é própria relevância não apenas do ponto de vista do Direito Financeiro ou Administrativo, mas igualmente do Direito Tributário. (...) A destinação passou a fundar o exercício da competência da União. Sem afetar o tributo às despesas expressamente previstas na Constituição, falece competência à União para criar contribuições. (...) O contribuinte pode opor-se à cobrança de contribuição que não esteja afetada aos fins, constitucionalmente admitidos; igualmente poderá reclamar a repetição do tributo pago, se, apesar da lei, houver desvio quanto à aplicação dos recursos arrecadados. É que, diferentemente da solidariedade difusa ao pagamento de impostos, a Constituição prevê a solidariedade do contribuinte no pagamento de contribuições e empréstimos compulsórios e a conseqüente faculdade outorgada à União de instituí-los, de forma direcionada e vinculada a certos gastos. Inexistente o gasto ou desviado o produto arrecada-*

---

(13) *Destinação do tributo.* Artigo publicado na internet cfe. referência na p. 170.

do para outras finalidades não autorizadas na Constituição, cai a competência do ente tributante para legislar e arrecadar.(14)

Marco Aurélio Greco também entende que o destino efetivo do produto da arrecadação das contribuições é elemento essencial à sua constitucionalidade.(15) Em sentido contrário argumenta *Humberto Ávila*.(16)

A matéria já foi debatida no Supremo Tribunal Federal em decisão que restou assim ementada:

> *CONSTITUCIONAL. TRIBUTÁRIO. ICMS/SÃO PAULO. MAJORAÇÃO DA ALÍQUOTA COM DESTINAÇÃO ESPECÍFICA: CONSTRUÇÃO DE CASAS POPULARES: INCONSTITUCIONALIDADE. I — Inconstitucionalidade dos arts. 3º a 9º da Lei n. 6.556, de 30.11.89, do Estado de São Paulo, que aumentaram de 17% para 18% a alíquota do ICMS, com destinação específica da majoração. Inconstitucionalidade frente ao art. 167, IV, da CF II — Precedente do STF: RE 183.906-SP, Min. Marco Aurélio, Plenário, 18.9.97. III — Voto vencido do Ministro Carlos Velloso: a norma inscrita no art. 167, IV, da CF, que veda a vinculação de receita de impostos, com as ressalvas ali inscritas, é norma de direito financeiro e não de direito tributário, com caráter institucional, não gerando para o contribuinte, se descumprida, direito ao não pagamento do tributo. Se lhe fosse possível argüir a inconstitucionalidade da destinação, a declaração não o exoneraria do pagamento do tributo. É que cairia a destinação do imposto e não este. Ressalva quanto às contribuições e ao empréstimo compulsório. Nestes, a destinação do tributo diz com a legitimidade deste. CF, arts. 148 e 149. IV — Ocorrência de sucumbência recíproca: compensação proporcional dos ônus. V — Agravo não provido. (o grifo é nosso).*(17)

É interessante notar que a destinação não integra o conceito jurídico-tributário dos impostos e, mesmo assim, o Tribunal considerou o contribuinte parte legítima para discutir a constitucionalidade do imposto em questão. Daí que, em relação às contribuições, onde a finalidade integra a própria definição constitucional do tributo, a legitimidade do contribuinte resulta evidente.

3.3. Espécies de contribuições

O art. 149 encerra a regra-matriz das contribuições no Sistema Constitucional Tributário. Segundo este, são três as espécies de

---

(14) BALEEIRO, Aliomar, *Limitações constitucionais ao poder de tributar, atualização de Misabel Derzi*, p. 598.

(15) *Contribuições: uma figura sui generis*, p. 241.

(16) *As contribuições no sistema tributário brasileiro*, p. 325.

(17) RE n. 329196, DJ 11.10.02.

contribuições: contribuições de intervenção no domínio econômico, contribuições de interesse de categorias profissionais ou econômicas e contribuições sociais.[18] Passemos a análise de cada uma delas.

3.3.1. Contribuições de intervenção no domínio econômico

Nos termos da Constituição Federal, o Estado poderá agir de dois modos distintos na economia: de um modo direto, como agente explorador da atividade econômica e de um modo indireto, como agente regulador da ordem econômica, o que levou *José Afonso da Silva* a afirmar que a Constituição reconhece duas formas de ingerência do Estado na ordem econômica: a participação e a intervenção.[19]

Como reflexo do modelo adotado, predominantemente capitalista, a participação constitui a exceção e a intervenção constitui a regra.

A instituição de contribuições de intervenção no domínio econômico, também denominadas pela doutrina de contribuições interventivas, estará sempre diretamente relacionada com os princípios arrolados no art. 170 da Constituição Federal:

> *Art. 170. A ordem econômica, fundada na valorização do trabalho humano e na livre iniciativa, tem por fim assegurar a todos existência digna, conforme os ditames da justiça social, observados os seguintes princípios:*
>
> *I — soberania nacional;*
>
> *II — propriedade privada;*
>
> *III — função social da propriedade;*
>
> *IV — livre concorrência;*
>
> *V — defesa do consumidor;*
>
> *VI — defesa do meio ambiente, inclusive mediante tratamento diferenciado conforme o impacto ambiental dos produtos e serviços e de seus processos de elaboração e prestação;*
>
> *VII — redução das desigualdades regionais e sociais;*
>
> *VIII — busca do pleno emprego;*

---

(18) Já afirmamos antes e é oportuno repetir aqui: as contribuições de melhoria — art. 145, III — em comum com as contribuições elencadas no art. 149 só têm o nome, nada mais.

(19) *Curso de direito constitucional positivo*, p. 782.

IX — tratamento favorecido para as empresas de pequeno porte constituídas sob as leis brasileiras e que tenham sua sede e administração no País.

Parágrafo único. É assegurado a todos o livre exercício de qualquer atividade econômica, independentemente de autorização de órgãos públicos, salvo nos casos previstos em lei.

Essa norma jurídica aponta os princípios da ordem econômica, os quais autorizam a intervenção estatal na economia.

No dizer de *Lúcia Valle Figueiredo*, "verifica-se, pois, que a intervenção do Estado na ordem econômica justifica-se se e na medida da consagração dos valores assinalados no texto constitucional e pertinentes, sobretudo, à ordem econômica".[20]

Assim, a instituição das contribuições interventivas tem sempre uma finalidade constitucionalmente determinada: prestigiar os valores que fundamentam a ordem econômica.

Dissemos acima que nossa Carta contempla um modelo de economia capitalista, ou seja, fundado na iniciativa privada, mas, ao lado desta, a valorização do trabalho humano também é fundamento da ordem econômica e, o mais importante, a sua finalidade é assegurar a todos existência digna, conforme os ditames da justiça social; portanto, a compreensão da ordem econômica em nosso sistema constitucional depende de uma interpretação sistemática de todo Estatuto Constitucional, pois não será encontrado seu real significado apenas nas normas jurídicas constantes no Título VII.

Wagner Balera, discorrendo sobre o tema, afirma que "o tipo específico de desenvolvimento, que o constituinte engendrou para o Brasil, está adstrito a aliar progresso econômico com progresso social".[21] E, lançando luz à noção de justiça social, afirma que "a redução das desigualdades sociais — tarefa que exige esforço colossal da comunidade — prepara o terreno onde se assenta uma sociedade mais justa".[22]

Daí conclui-se, já com segurança, que o conceito ultrapassa os limites "Da Ordem Econômica e Social".

Exemplo de contribuição interventiva é aquela instituída pela Lei n. 10.336/01, incidente sobre a importação e a comercialização de petróleo

(20) Hugo de Brito Machado (Coordenador), *As contribuições no sistema tributário brasileiro*, p. 391.

(21) *Noções preliminares de direito previdenciário*, p. 27.

(22) *Idem*, p. 23.

e seus derivados, gás natural e seus derivados e álcool etílico. Nos termos do art. 1º da citada lei, o produto de sua arrecadação será destinado ao pagamento de subsídios a preços ou transporte de álcool combustível, de gás natural e seus derivados e de derivados de petróleo; financiamento de projetos ambientais relacionados com a indústria do petróleo e do gás; e financiamento de programas de infra-estrutura de transportes. Verifica-se que a finalidade da contribuição, inclusive, busca resguardar a defesa do meio ambiente, valor prestigiado pelo art. 170 da Constituição Federal.

As contribuições de intervenção no domínio econômico também são conhecidas como CIDE.

3.3.2. Contribuições de interesse das categorias profissionais ou econômicas

As contribuições de interesse das categorias profissionais ou econômicas, também conhecidas como contribuições corporativas, têm por finalidade propiciar recursos financeiros para o desenvolvimento de atividades de regulação e defesa do exercício profissional das categorias atingidas, por meio de suas respectivas entidades de classe.

Para *Roque Carrazza*, tais contribuições têm natureza de taxa de polícia no caso dos conselhos profissionais — *v.g.* CREA, CRM, OAB —, visto que esses praticam atos de polícia, pois deliberam sobre inscrições em seus quadros, decidem processos disciplinares, aplicam penalidades, e assim por diante.(23)

Hugo de Brito Machado, a seu turno, faz interessante observação. A contribuição sindical referida no art. 8º, IV, da Constituição,(24) nos seus exatos termos, *independe da contribuição prevista em lei*. Exatamente essa contribuição prevista em lei é a contribuição corporativa de que ora tratamos.(25)

Importante observar que, enquanto a contribuição sindical votada e aprovada em assembléia geral da categoria não tem natureza tributária, esta outra, evidentemente, tem.

---

(23) *Curso de direito constitucional tributário*, p. 534.

(24) Art. 8º É livre a associação profissional ou sindical, observado o seguinte:
IV — a assembléia geral fixará a contribuição que, em se tratando de categoria profissional, será descontada em folha, para custeio do sistema confederativo da representação sindical respectiva, independentemente da contribuição prevista em lei;

(25) Cf. *Curso de direito tributário*, p. 340.

Possuindo natureza tributária, como decorrência lógica, está submetida ao regime jurídico-tributário, inclusive à limitação constitucional da legalidade, entre outras.

O Supremo Tribunal Federal já decidiu no sentido da recepção da aludida contribuição pela Constituição de 1988, no seguinte julgado:

Ementa: Sindicato: contribuição sindical da categoria: recepção. A recepção pela ordem constitucional vigente da contribuição sindical compulsória, prevista no art. 578 CLT e exigível de todos os integrantes da categoria, independentemente de sua filiação ao sindicato resulta do art. 8º, IV, in fine, da Constituição; não obsta à recepção a proclamação, no caput do art. 8º, do princípio da liberdade sindical, que há de ser compreendido a partir dos termos em que a Lei Fundamental a positivou, nos quais a unicidade (art. 8º, II) e a própria contribuição sindical de natureza tributária (art. 8º, IV) — marcas características do modelo corporativista resistente —, dão a medida da sua relatividade (cf. MI 144, Pertence, RTJ 147/868, 874); nem impede a recepção questionada a falta da lei complementar prevista no art. 146, III, CF, à qual alude o art. 149, à vista do disposto no art. 34, §§ 3º e 4º, das Disposições Transitórias (cf. RE 146733, Moreira Alves, RTJ 146/684, 694).[26]

E também pela diferenciação desta daquela fixada em assembléia geral:

EMENTA: CONSTITUCIONAL. SINDICATO. CONTRIBUIÇÃO INSTITUÍDA PELA ASSEMBLÉIA GERAL: CARÁTER NÃO TRIBUTÁRIO. NÃO COMPULSORIEDADE. EMPREGADOS NÃO SINDICALIZADOS: IMPOSSIBILIDADE DO DESCONTO. CF, art. 8º, IV. I. — A contribuição confederativa, instituída pela assembléia geral — CF, art. 8º, IV — distingue-se da contribuição sindical, instituída por lei, com caráter tributário — CF, art. 149 — assim compulsória. A primeira é compulsória apenas para os filiados do sindicato. II. — RE não conhecido.[27]

As controvérsias correm soltas pela doutrina e jurisprudência no trato das contribuições e, em especial, das corporativas.

Ora, como já dito, se as contribuições corporativas são tributos estão submetidas à limitação constitucional da legalidade, ou seja, "sem prejuízo de outras garantias asseguradas ao contribuinte, é vedado à União, aos Estados, ao Distrito Federal e aos Municípios exigir ou aumentar tributo sem lei que o estabeleça."[28]

---

(26) RE n. 180745, DJ 08.05.98.
(27) RE n. 198092, DJ 11.10.96
(28) CF/88, Art. 150, I.

Assim, as contribuições corporativas, tributos cuja instituição compete exclusivamente à União, não podem ser fixadas por ato próprio dos Conselhos Profissionais. É óbvio! Mas, como afirmou Descartes em seu *Discurso do Método*, "o bom senso é, das coisas do mundo, a mais bem dividida, pois cada qual julga estar tão bem dotado dele, que mesmo os mais difíceis de contentar-se em outras coisas não costumam desejar tê-lo mais do que já têm".[29]

Pois bem, a Lei n. 9.649/98 dispôs sobre os Conselhos Profissionais em seu art. 58, *in litteris*:

Art. 58. Os serviços de fiscalização de profissões regulamentadas serão exercidos em caráter privado, por delegação do poder público, mediante autorização legislativa.

§ 1º A organização, a estrutura e o funcionamento dos conselhos de fiscalização de profissões regulamentadas serão disciplinados mediante decisão do plenário do conselho federal da respectiva profissão, garantindo-se que na composição deste estejam representados todos seus conselhos regionais.

§ 2º Os conselhos de fiscalização de profissões regulamentadas, dotados de personalidade jurídica de direito privado, não manterão com os órgãos da Administração Pública qualquer vínculo funcional ou hierárquico.

§ 3º Os empregados dos conselhos de fiscalização de profissões regulamentadas são regidos pela legislação trabalhista, sendo vedada qualquer forma de transposição, transferência ou deslocamento para o quadro da Administração Pública direta ou indireta.

§ 4º Os conselhos de fiscalização de profissões regulamentadas são autorizados a fixar, cobrar e executar as contribuições anuais devidas por pessoas físicas ou jurídicas, bem como preços de serviços e multas, que constituirão receitas próprias, considerando-se título executivo extrajudicial a certidão relativa aos créditos decorrentes.

§ 5º O controle das atividades financeiras e administrativas dos conselhos de fiscalização de profissões regulamentadas será realizado pelos seus órgãos internos, devendo os conselhos regionais prestar contas, anualmente, ao conselho federal da respectiva profissão, e estes aos conselhos regionais.

§ 6º Os conselhos de fiscalização de profissões regulamentadas, por constituírem serviço público, gozam de imunidade tributária total em relação aos seus bens, rendas e serviços.

(29) *Discurso do método: regras para a direção do espírito*, p. 21.

§ 7º Os conselhos de fiscalização de profissões regulamentadas promoverão, até 30 de junho de 1998, a adaptação de seus estatutos e regimentos ao estabelecido neste artigo.

§ 8º Compete à Justiça Federal a apreciação das controvérsias que envolvam os conselhos de fiscalização de profissões regulamentadas, quando no exercício dos serviços a eles delegados, conforme disposto no caput.

§ 9º O disposto neste artigo não se aplica à entidade de que trata a Lei n. 8.906, de 4 de julho de 1994.

Além de alterar a natureza desses conselhos de pública para privada, ainda autorizou-os a fixar, cobrar e executar as contribuições anuais devidas por pessoas físicas ou jurídicas. Excetuou a OAB.

Nesse contexto, foi impetrada no Supremo Tribunal Federal a ADIn n. 1717, onde o Tribunal reconheceu a inconstitucionalidade do art. 58 e seus parágrafos, exceto o parágrafo terceiro, por prejudicado, em julgado que restou assim ementado:

DIREITO CONSTITUCIONAL E ADMINISTRATIVO. AÇÃO DIRETA DE INCONSTITUCIONALIDADE DO ART. 58 E SEUS PARÁGRAFOS DA LEI FEDERAL N. 9.649, DE 27.05.1998, QUE TRATAM DOS SERVIÇOS DE FISCALIZAÇÃO DE PROFISSÕES REGULAMENTADAS. 1. Estando prejudicada a Ação, quanto ao § 3º do art. 58 da Lei n. 9.649, de 27.05.1998, como já decidiu o Plenário, quando apreciou o pedido de medida cautelar, a Ação Direta é julgada procedente, quanto ao mais, declarando-se a inconstitucionalidade do caput *e dos § 1º, 2º, 4º, 5º, 6º, 7º e 8º do mesmo art. 58. 2. Isso porque a interpretação conjugada dos arts. 5 , XIII, 22, XVI, 21, XXIV, 70, parágrafo único, 149 e 175 da Constituição Federal, leva à conclusão, no sentido da indelegabilidade, a uma entidade privada, de atividade típica de Estado, que abrange até poder de polícia, de tributar e de punir, no que concerne ao exercício de atividades profissionais regulamentadas, como ocorre com os dispositivos impugnados. 3. Decisão unânime.*[30]

As anuidades voltaram a ter fundamento legal, qual seja, o art. 1º da Lei n. 6.994/82, o qual fixou limites máximos a serem observados pelos Conselhos Profissionais.[31]

---

(30) STF, ADIn n. 1717, DJ 28.03.03

(31) Lei n. 6.994/82. Art. 1º. O valor das anuidades devidas às entidades criadas por lei com atribuições de fiscalização do exercício de profissões liberais será fixado pelo respectivo órgão federal, vedada a cobrança de quaisquer taxas ou emolumentos além dos previstos no art. 2º desta Lei.

§ 1º Na fixação do valor das anuidades referidas neste artigo serão observados os seguintes limites máximos:

O Superior Tribunal de Justiça também tem entendimento firme no sentido de que as contribuições corporativas estão submetidas à limitação constitucional da legalidade, não podendo ser fixadas por ato próprio dos Conselhos Profissionais.[32]

Em 15 de dezembro de 2004 foi publicada a Lei n. 11000, a qual dispõe, em seu art. 2º:

> *Art. 2º. Os Conselhos de fiscalização de profissões regulamentadas são autorizados a fixar, cobrar e executar as contribuições anuais, devidas por pessoas físicas ou jurídicas, bem como as multas e os preços de serviços, relacionados com suas atribuições legais, que constituirão receitas próprias de cada Conselho.*

---

a — para pessoa física, 2 (duas) vezes o Maior Valor de Referência — MVR vigente no País;

b — para pessoa jurídica, de acordo com as seguintes classes de capital social:

até 500 MVR	2 MVR
acima de 500 até 2.500 MVR	3 MVR
acima de 2.500 até 5.000 MVR	4 MVR
acima de 5.000 até 25.000 MVR	5 MVR
acima de 25.000 até 50.000 MVR	6 MVR
acima de 50.000 até 100.000 MVR	8 MVR
acima de 100.000 MVR	10 MVR

(32) *V.g.* REsp n. 652554, DJ 16.11.04. Ementa: CONTRIBUIÇÃO. ILEGALIDADE. EXIGÊNCIA DE LEI. PRECEDENTES.

1. Recurso especial interposto contra acórdão segundo o qual "encontra-se consolidado o entendimento de que as anuidades cobradas pelos Conselhos Profissionais constituem espécie tributária e, como tal, se submetem ao princípio da reserva legal. Assim sendo, não é permitido aos Conselhos estabelecerem por meio de atos administrativos quaisquer critérios de fixação de anuidade diverso do legal, sob pena de violação do princípio contido no art. 150, I, da CF/88".

2. A jurisprudência do Superior Tribunal de Justiça tem externado entendimento de que: "Compete exclusivamente à União instituir contribuições sociais, de intervenção no domínio econômico e de interesses das categorias profissionais. A anuidade devida aos Conselhos Regionais que fiscalizam as categorias profissionais tem natureza de contribuição social e só pode ser fixada por lei." (REsp n. 225301/RS, Rel. Min. Garcia Vieira, DJ de 16.11.1999) — "Conforme precedentes desta Corte Especial, as anuidades dos conselhos profissionais, à exceção da OAB, têm natureza tributária, somente podendo ser majoradas através de lei federal." (MC n. 7123/PE, Rel. Min. Francisco Falcão, DJ de 22.03.2004) — "Doutrina e jurisprudência entendem ter natureza tributária, submetendo-se às limitações das demais exações, as contribuições para os Conselhos Profissionais. Excepciona-se apenas a OAB, por força da sua finalidade constitucional (art. 133)." (REsp n. 273674/RS, Relª Minª Eliana Calmon, DJ de 27.05.2002) — "A cobrança de anuidades, conforme os valores exigidos sob a custodia da legislação de regência não revela ilegalidade." (REsp n. 93200/RN, Rel. Min. Milton Luiz Pereira, DJ de 02.06.1997)

3. Recurso especial não provido.

Ou seja, instituiu-se a mesma situação trazida à tona pelo art. 58, § 4º da Lei n. 9.649/98, cuja inconstitucionalidade foi reconhecida pelo Supremo Tribunal Federal. Não houve alteração nas normas constitucionais tidas por violadas no julgamento da ADIn n. 1717.

Afonso Arinos de Melo Franco, discorrendo sobre a evolução histórica do Direito Constitucional, afirma que, ultrapassado o período de *Bodin* e *Maquiavel*, 'a etapa posterior desse processo vai atingir seu ponto culminante no Espírito das Leis, de *Montesquieu*. Partindo da observação de que o poder tende a se expandir, em prejuízo da liberdade, se não é contido, Montesquieu chegou à conclusão, tornada axiomática, de que, pela sua própria natureza, um poder só é contido por outro poder. Eis o texto em questão: "É uma experiência eterna que todo homem que dispõe de poder é levado ao seu abuso; ele prosseguirá até encontrar algum limite. (...) Para que não se possa abusar do poder é necessário que, pela disposição das coisas, o poder contenha o poder."[(33)]

Em que pese as decisões do Supremo Tribunal Federal, em sede de controle concentrado de constitucionalidade, não vincularem o Legislativo, por decorrência da separação dos poderes, é da natureza do regime democrático a subordinação deste à Constituição Federal, restando aguardar para que a Corte Constitucional reconheça, mais uma vez, a ausência de suporte de validade na norma em questão, a fim de que a eficácia das normas constitucionais violadas, tal qual Fênix, renasça das cinzas.

A Ordem dos Advogados do Brasil tem recebido do Superior Tribunal de Justiça tratamento diferenciado dos demais Conselhos Profissionais, entendendo-se que suas contribuições não têm natureza tributária. Veja-se o seguinte julgado:

> *EMENTA: PROCESSUAL CIVIL. OAB. LEI N. 8.906/94. DÉBITOS RELATIVOS A ANUIDADES. NATUREZA JURÍDICA. AÇÃO DE EXECUÇÃO. INAPLICABILIDADE DA LEI DE EXECUÇÕES FISCAIS.*
>
> *1. A Ordem dos Advogados do Brasil — OAB é uma autarquia* sui generis *e, por conseguinte, diferencia-se das demais entidades que fiscalizam as profissões.*
>
> *2. "O título executivo extrajudicial, referido no art. 46, parágrafo único, da Lei n. 8.906/94, deve ser exigido em execução disciplinada pelo Código de Processo Civil, não sendo possível a execução fiscal regida pela Lei n. 6.830/80" (EREsp n. 503.252/SC,relator Ministro Castro Meira).*
>
> *3. Embargos de divergência providos.*[(34)]

---

(33) *Direito constitucional: teoria da constituição*, p. 137.

(34) EResp n. 462273, DJ 02.05.05

O Supremo Tribunal Federal, por outro lado, em voto de lavra do Ministro Carlos Veloso, entende que as contribuições da OAB têm natureza tributária. Eis o trecho do voto:

> *As contribuições de intervenção do domínio econômico (art. 149), como as contribuições do I.A.A., do I.B.C., estão sujeitas ao princípio da anterioridade. As corporativas (art. 149), cobradas, por exemplo, pela O.A.B., pelos Conselhos de Fiscalização de profissões liberais e pelos sindicatos (contribuição sindical), estão sujeitas, também, ao princípio da anterioridade.*[35]

Não há razão para o tratamento diferenciado da OAB, pois sua contribuição preenche todos os requisitos constitucionais da contribuição corporativa. Essa questão, entretanto, exige maiores digressões que ultrapassam os limites deste trabalho.[36]

3.3.3. Contribuições sociais — Classificação

As contribuições sociais constituem a terceira espécie do gênero contribuição. Alguns autores fazem confusão com a redação truncada[37] do art. 149 da Constituição e acabam por considerar contribuição social como gênero e as contribuições interventivas, corporativas e de seguridade social como espécies. Não se trata disso, *data venia*. A um, porque a interpretação literal e sistemática levam à nossa conclusão; a dois, porque, sendo tributos com finalidade constitucionalmente determinada, as três espécies têm finalidades distintas — as contribuições sociais têm finalidades claramente distintas das contribuições corporativas e das interventivas; a três, porque há contribuições sociais, como o salário-educação, que não pertencem a nenhuma daquelas "espécies" (interventivas, corporativas e de seguridade social); finalmente, a quatro, porque, na esteira do entendimento do Supremo Tribunal Federal, a Constituição Federal admite a instituição de contribuições sociais gerais, as quais, também, não se incluem em nenhuma daquelas "espécies".

---

(35) RE n. 138284, DJ 28.08.92.

(36) Para aprofundamento do tema merece ser lida, entre outras, a ADIn n. 3.026, ainda não julgada, referente ao art. 79, §1º do Estatuto da OAB, e os julgados de números 9104164261, DJ 18.06.97, e 9504065058, DJ 13.03.96, do Tribunal Regional Federal da 4ª Região, versando sobre a imunidade tributária da OAB.

(37) Paulo de Barros Carvalho, em comentário ao art. 4º, I, do CTN, aduz que "manifesta o legislador uma extraordinária lucidez, ao declarar que suas palavras não devem ser levadas ao pé da letra". Curso de Direito Tributário, p. 30.

Classificamos as contribuições sociais em dois grupos, considerando-se como fator de discrímen a previsão expressa ou não no próprio Texto Constitucional: no primeiro grupo, com previsão expressa, inclui-se a contribuição denominada salário-educação, as contribuições do sistema 'S' e as contribuições de seguridade social — estas últimas estudadas no próximo capítulo; no segundo grupo, sem previsão expressa, encontramos as contribuições sociais gerais.

Passemos ao estudo de cada uma delas.

3.3.3.1 Contribuição social denominada salário-educação

Dispõe o art. 212, § 5º da Constituição Federal:

> *Art. 212. A União aplicará, anualmente, nunca menos de dezoito, e os Estados, o Distrito Federal e os Municípios vinte e cinco por cento, no mínimo, da receita resultante de impostos, compreendida a proveniente de transferências, na manutenção e desenvolvimento do ensino.*
>
> *§ 5º O ensino fundamental público terá como fonte adicional de financiamento a contribuição social do salário-educação, recolhida pelas empresas, na forma da lei.*

A leitura dessa disposição constitucional deixa claro que estamos diante de uma contribuição social, o salário-educação, com finalidade constitucionalmente determinada — o que a enquadra no rol das contribuições previstas no art. 149 —, qual seja, o financiamento adicional do ensino fundamental.

Em 24 de dezembro de 1996 foi publicada a Lei Ordinária n. 9424, à qual dispôs sobre o salário-educação,[38] dispensando-se lei complementar, como queriam alguns, não só porque a Constituição faz expressa referência à *lei* e doutrina e jurisprudência são quase unânimes em afirmar que somente exige-se lei complementar quando a Constituição expressamente o prevê, como também porque o art. 146, III, a, da Constituição — exigência de lei complementar para definição de fato gerador, base de cálculo e alíquota —, aplica-se somente aos impostos, não às contribuições.

A constitucionalidade desta lei foi reconhecida pelo Supremo Tribunal Federal no julgamento da Ação Declaratória de Constitucionalidade n. 3, nesses termos:

---

(38) Art. 15. O Salário-educação, previsto no art. 212, § 5º, da Constituição Federal e devido pelas empresas, na forma em que vier a ser disposto em regulamento, é calculado com base na alíquota de 2,5% (dois e meio por cento) sobre o total de

EMENTA: CONSTITUCIONAL. AÇÃO DECLARATÓRIA DE CONSTITUCIONALIDADE DO ART. 15, LEI N. 9.424/96. SALÁRIO-EDUCAÇÃO. CONTRIBUIÇÕES PARA O FUNDO DE MANUTENÇÃO E DESENVOLVIMENTO DO ENSINO FUNDAMENTAL E DE VALORIZAÇÃO DO MAGISTÉRIO. DECISÕES JUDICIAIS CONTROVERTIDAS. ALEGAÇÕES DE INCONSTITUCIONALIDADE FORMAL E MATERIAL. FORMAL: LEI COMPLEMENTAR. DESNECESSIDADE. NATUREZA DA CONTRIBUIÇÃO SOCIAL. § 5º, DO ART. 212 DA CF QUE REMETE SÓ À LEI. PROCESSO LEGISLATIVO. EMENDA DE REDAÇÃO PELO SENADO. EMENDA QUE NÃO ALTEROU A PROPOSIÇÃO JURÍDICA. FOLHA DE SALÁRIOS — REMUNERAÇÃO. CONCEITOS. PRECEDENTES. QUESTÃO INTERNA CORPORIS *DO PODER LEGISLATIVO. CABIMENTO DA ANÁLISE PELO TRIBUNAL EM FACE DA NATUREZA CONSTITUCIONAL. INCONSTITUCIONALIDADE MATERIAL: BASE DE CÁLCULO. VEDAÇÃO DO ART. 154, I DA CF QUE NÃO ATINGE ESTA CONTRIBUIÇÃO, SOMENTE IMPOSTOS. NÃO SE TRATA DE OUTRA FONTE PARA A SEGURIDADE SOCIAL. IMPRECISÃO QUANTO A HIPÓTESE DE INCIDÊNCIA. A CF QUANTO AO SALÁRIO-EDUCAÇÃO DEFINE A FINALIDADE: FINANCIAMENTO DO ENSINO FUNDAMENTAL E O SUJEITO PASSIVO DA CONTRIBUIIÇÃO: AS EMPRESAS. NÃO RESTA DÚVIDA. CONSTITUCIONALIDADE DA LEI AMPLAMENTE DEMONSTRADA. AÇÃO DECLARATÓRIA DE CONSTITUCIONALIDADE QUE SE JULGA PROCEDENTE, COM EFEITOS EX-TUNC.*[39]

Posteriormente, o Supremo Tribunal Federal reconheceu a exigibilidade da exação também no período anterior à promulgação da Lei n. 9.424/96, no seguinte julgado:

EMENTA: TRIBUTÁRIO. SALÁRIO-EDUCAÇÃO. PERÍODO ANTERIOR À LEI N. 9.424/96. ALEGADA INCONSTITUCIONALIDADE, EM FACE DA EC 01/69, VIGENTE QUANDO DA EDIÇÃO DO DECRETO-LEI N. 1.422/75, POR OFENSA AO PRINCÍPIO DA ESTRITA LEGALIDADE TRIBUTÁRIA, CONSAGRADO NOS ARTS. 153, § 2º, E 178, E AO PRINCÍPIO DA VEDAÇÃO DA DELEGAÇÃO DE PODERES, PREVISTO NO ART. 6º, PARÁGRAFO ÚNICO. ALEGADA CONTRARIEDADE, AINDA, AO ART. 195, I, DA CF/88. CONTRIBUIÇÃO QUE, DE RESTO, FORA REVOGADA PELO ART. 25 DO ADCT/88. Contribuição que, na vigência da EC 01/69, foi considerada pela jurisprudência do STF como de natureza não tributária, circunstância que a subtraiu da incidência do princípio da legalidade estrita, não se encontrando, então,

---

remunerações pagas ou creditadas, a qualquer título, aos segurados empregados, assim definidos no art. 12, inciso I, da Lei n. 8.212, de 24 de julho de 1991.

(39) STF, ADC n. 3, DJ 09.05.03.

na competência do Poder Legislativo a atribuição de fixar as alíquotas de contribuições extratributárias. O art. 178 da Carta pretérita, por outro lado, nada mais fez do que conferir natureza constitucional à contribuição, tal qual se achava instituída pela Lei n. 4.440/64, cuja estipulação do respectivo quantum debeatur por meio do sistema de compensação do custo atuarial não poderia ser cumprida senão por meio de levantamentos feitos por agentes da Administração, donde a fixação da alíquota haver ficado a cargo do Chefe do Poder Executivo. Critério que, todavia, não se revelava arbitrário, porque sujeito à observância de condições e limites previstos em lei. A CF/88 acolheu o salário-educação, havendo mantido de forma expressa — e, portanto, constitucionalizado —, a contribuição, então vigente, a exemplo do que fez com o PIS-PASEP (art. 239) e com o FINSOCIAL (art. 56 do ADCT), valendo dizer que a recepcionou nos termos em que a encontrou, em outubro/88. Conferiu-lhe, entretanto, caráter tributário, por sujeitá-la, como as demais contribuições sociais, à norma do seu art. 149, sem prejuízo de havê-la mantido com a mesma estrutura normativa do Decreto-Lei n. 1.422/75 (mesma hipótese de incidência, base de cálculo e alíquota), só não tendo subsistido à nova Carta a delegação contida no § 2º do seu art. 1º, em face de sua incompatibilidade com o princípio da legalidade a que, de pronto, ficou circunscrita. Recurso não conhecido.(40)

3.3.3.2. Contribuições do sistema 'S'

Dispõe o art. 240 da Constituição Federal:

Art. 240. Ficam ressalvadas do disposto no art. 195 as atuais contribuições compulsórias dos empregadores sobre a folha de salários, destinadas às entidades privadas de serviço social e de formação profissional vinculadas ao sistema sindical.

Da leitura da norma acima transcrita salta aos olhos que não se trata de contribuição para a seguridade social, não só pela utilização do termo *ressalvadas*, como também porque a destinação da contribuição é voltada para as entidades privadas de serviço social e de formação profissional vinculadas ao sistema sindical. Referidas entidades são o SESC, SENAC, SESI e SENAI.

Wagner Balera, a respeito, ensina:

Segundo a métrica traçada pelo constituinte, o que caracteriza as contribuições é a aplicação da receita, com exclusividade, no fim previsto, em benefício de um determinado círculo de pessoas.

---

(40) RE n. 290079, DJ 04.04.03.

Entendo que essa exigência da Lei Magna pode ser atendida diretamente pelo Poder Público ou indiretamente por certos setores da sociedade para tanto qualificadas.

No modelo primitivo de financiamento do regime geral de previdência social, a contribuição social incidente sobre a folha de salários só podia ser utilizada para o custeio das prestações devidas por aquele regime.

Cedo se percebeu que o Estado não daria conta de todas as múltiplas atividades compreendidas no imenso catálogo da proteção social, admitindo-se que entidades privadas operassem alguns programas assistenciais.

Posteriormente, entidades da administração indireta também foram chamadas a cumprir certo papel social.

É o que ocorreu, nomeadamente, com os serviços sociais da indústria e do comércio, em fase mais remota, e com o Banco Nacional da Habitação, em época mais recente.

Encartado no conceito de Seguridade Social não se encontra, é certo, o de formação profissional dos trabalhadores.

Mas, para essa atividade, que é complementada pelos programas de assistência social (esses, sim, exemplares de Seguridade Social), o constituinte autorizou que siga sendo destinada parcela do produto da arrecadação das contribuições que incidem sobre a folha de salários. Referimo-nos ao disposto no art. 240 que, como se lê, preservou a alíquota adicional da contribuição social que será vertida para o Sesi, o Sesc, o Senai e o Senac, órgãos que cuidam de prestar serviço social e de formação profissional para os trabalhadores.[41]

Temos, então, contribuições sociais que são destinadas não ao Estado, mas a entidades privadas que realizam atividades de cunho social, complementadas pelos programas de assistência social, pois é objetivo desta a promoção da integração ao mercado de trabalho, nos precisos termos do art. 203, III, da Carta Política.

Não é só.

A Constituição Federal autorizou a exploração econômica pela iniciativa privada desde que fundamentada na valorização do trabalho

---

(41) Hugo de Brito Machado (Coordenador), *As contribuições no sistema tributário brasileiro*, p. 600.

humano e sempre buscando assegurar a todos existência digna. Assim, referidas contribuições também visam a concretizar essa promessa constitucional.(42)

---

(42) Nesse sentido decidiu a Primeira Seção do Superior Tribunal de Justiça no Resp n. 431347, DJ 25.11.02, onde ficou acordado que as empresas prestadoras de serviço são contribuintes das contribuições em estudo. Eis o acórdão em questão: TRIBUTÁRIO. CONTRIBUIÇÃO PARA O SESC E SENAC. ENTIDADE HOSPITALAR. ENTIDADE VINCULADA À CONFEDERAÇÃO CUJA INTEGRAÇÃO É PRESSUPOSTO DA EXIGIBILIDADE DA EXAÇÃO. RECEPÇÃO DO ART. 577 CLT E SEU ANEXO PELA CONSTITUIÇÃO FEDERAL. CONTRIBUIÇÃO COMPULSÓRIA CONCRETIZADORA DA CLÁUSULA PÉTREA DE VALORIZAÇÃO DO TRABALHO E DIGNIFICAÇÃO DO TRABALHADOR. EMPRESA COMERCIAL. AUTOQUALIFICAÇÃO, MERCÊ DOS NOVOS CRITÉRIOS DE AFERIÇÃO DO CONCEITO. VERIFICAÇÃO DE OCORRÊNCIA DE VIOLAÇÃO DA LEI À LUZ DO PRINCÍPIO DE SUPRADIREITO DETERMINANDO A APLICAÇÃO DA NORMA AOS FINS SOCIAIS A QUE SE DESTINA, À LUZ DE SEU RESULTADO, REGRAS MAIORES DE HERMENÊUTICA E APLICAÇÃO DO DIREITO.

1. As empresas prestadoras de serviços médicos e hospitalares estão incluídas dentre aquelas que devem recolher, a título obrigatório, contribuição para o SESC e para o SENAC, porquanto enquadradas no plano sindical da Confederação Nacional do Comércio, consoante a classificação do art. 577 da CLT e seu anexo, recepcionados pela Constituição Federal (art. 240) e confirmada pelo seu guardião, o STF, a assimilação no organismo da Carta Maior.

2. Deveras , dispõe a Constituição da República Federativa do Brasil, em seu art. 240, que: "Ficam ressalvadas do disposto no art. 195 as atuais contribuições compulsórias dos empregadores sobre a folha de salários, destinadas às entidades privadas de serviço social e de formação profissional vinculadas ao sistema sindical."

3. As Contribuições referidas visam à concretizar a promessa constitucional insculpida no princípio pétreo da 'valorização do trabalho humano' encartado no art. 170 da Carta Magna: *verbis*: "A ordem econômica, fundada na valorização do trabalho humano e na livre iniciativa, tem por fim assegurar a todos existência digna, conforme os ditames da justiça social, (...)"

4. Os arts. 3º, do Decreto-Lei n. 9.853 de 1946 e 4º, do Decreto-Lei n. 8.621/46 estabelecem como sujeitos passivos da exação em comento os estabelecimentos integrantes da Confederação a que pertence e sempre pertenceu a recorrente (antigo IAPC; DL 2381/40), conferindo "legalidade" à exigência tributária.

5. Os empregados do setor de serviços dos hospitais e casas de saúde, ex-segurados do IAPC, antecedente orgânico das recorridas, também são destinatários dos benefícios oferecidos pelo SESC e pelo SENAC.

6. As prestadoras de serviços que auferem lucros são, inequivocamente estabelecimentos comerciais, quer por força do seu ato constitutivo, oportunidade em que elegeram o regime jurídico próprio a que pretendiam se submeter, quer em função da novel categorização desses estabelecimentos, à luz do conceito moderno de empresa.

7. O SESC e o SENAC tem como escopo contribuir para o bem estar social do empregado e a melhoria do padrão de vida do mesmo e de sua família, bem como implementar o aprimoramento moral e cívico da sociedade, beneficiando todos os seus associados, independentemente da categoria a que pertençam;

Resta enfrentar a natureza jurídica dessas contribuições.

Para nós, a Constituição Federal admite cinco espécies tributárias: impostos, taxas, contribuições de melhoria, contribuições e empréstimos compulsórios.

O que diferencia as contribuições das demais espécies tributárias, como já afirmamos, é a finalidade constitucionalmente determinada. A exação em apreço tem nítida natureza de contribuição, eis que destinada às entidades privadas de serviço social e de formação profissional.

Daí resulta seu evidente caráter social. Mas, já vimos, de contribuições de seguridade social não se trata. Tampouco acreditamos estar à frente de uma sexta espécie tributária. Concluímos tratar-se de uma espécie de contribuição social que, ao lado da contribuição social denominada salário-educação e das contribuições sociais de seguridade social encerram o arquétipo de contribuições sociais expressamente nominadas no Texto Constitucional.(43)

Repetimos que nada impede que uma pessoa jurídica de direito privado seja destinatária de tributos, desde que tenha finalidades públicas.

Geraldo Ataliba, sobre o assunto, assim se manifesta: "Nada obsta, porém, a que a lei atribua capacidade de ser sujeito ativo de tributos

---

8. À luz da regra do art. 5º, da LICC — norma supralegal que informa o direito tributário, a aplicação da lei, e nesse contexto a verificação se houve sua violação, passa por esse aspecto teleológico-sistêmico — impondo-se considerar que o acesso aos serviços sociais, tal como preconizado pela Constituição, é um "direito universal do trabalhador", cujo dever correspectivo é do empregador no custeio dos referidos benefícios.
9. Consectariamente, a natureza constitucional e de cunho social e protetivo do empregado, das exações sub judice, implica em que o empregador contribuinte somente se exonere do tributo, quando integrado noutro serviço social, visando a evitar relegar ao desabrigo os trabalhadores do seu segmento, em desigualdade com os demais, gerando situação anti-isonômica e injusta.
10. A pretensão de exoneração dos empregadores quanto à contribuição compulsória em exame recepcionada constitucionalmente em benefício dos empregados, encerra arbítrio patronal, mercê de gerar privilégio abominável aos que através da via judicial pretendem dispor daquilo que pertence aos empregados, deixando à calva a ilegitimidade da pretensão deduzida.
11. Recurso especial Improvido.

(43) Com mera diferença terminológica, o STF no julgamento do RE n. 138284, DJ 28.08.92, concluiu que as contribuições previstas no art. 240 têm natureza de contribuição social geral.

a pessoas privadas — o que, embora excepcional, não é impossível — desde que estas tenham finalidades de interesse público".[44]

Roque Carrazza, por sua vez, conclui:

> *...os tributos quase sempre são arrecadados pela pessoa política que os instituiu. Como, porém, a capacidade tributária ativa é delegável por lei, nada obsta a que uma pessoa diversa daquela que criou a exação venha, afinal, a arrecadá-la. Para tanto, basta, fundamentalmente, que a pessoa beneficiada persiga finalidades públicas ou, pelo menos, de interesse público, isto por exigência do princípio da destinação pública do dinheiro arrecadado mediante o exercício da tributação. Ora bem, quando uma pessoa que não aquela que criou o tributo vem a arrecadá-lo para si própria, dizemos que está presente o fenômeno da parafiscalidade. E, de modo mais ou menos invariável, o tributo assim cobrado ganha o nome de "contribuição parafiscal".*[45]

Misabel Derzi, em comentário ao princípio da destinação pública dos tributos de *Aliomar Baleeiro*, aduz que "a parafiscalidade não representa uma exceção, uma vez que as pessoas beneficiadas com o produto arrecadado de certos tributos (muitas vezes privadas), paralelamente ao Estado, exercem atividade considerada de alta relevância e interesse público, como o Sesi, o Senai, o Senac e o Sesc, os sindicatos (art. 240 e 8º da Constituição). Tais recursos são canalizados para a instituição, cuja atividade é de interesse público, e que se quer preservar, jamais podendo beneficiar um particular".[46]

Em registro fulminante, anotamos que as contribuições devidas ao SEBRAE não têm suporte de validade no art. 240 da Constituição, mas sim no art. 149, eis que são contribuições de intervenção no domínio econômico.[47]

3.3.3.3. Contribuições sociais gerais

Matéria controvertida na doutrina é a possibilidade de instituição de contribuições sociais gerais, ou seja, outras que não as expressamente previstas no Texto Constitucional.

---

(44) *Hipótese de incidência tributária*, p. 35.
(45) *Curso de direito constitucional tributário*, p. 515.
(46) *Limitações constitucionais ao poder de tributar*, p. 784.
(47) Nesse sentido decidiu o STF no julgamento do RE n. 396266, DJ 07.05.04.

Em sentido contrário a essa tese, *Humberto Ávila* argumenta que "inexiste competência constitucional para instituir novas contribuições sociais senão aquelas mencionadas pelo §4º do art. 195, isto é, contribuições instituídas no exercício de competência residual da União Federal".[48]

Por outro lado, *José Eduardo Soares de Melo* admite a instituição dessas contribuições, "desde que haja observância aos elementos básicos, como, receita pública derivada, compulsoriedade, parafiscalidade, destinação específica dos seus recursos, e vinculação a determinado grupo".[49]

A arrecadação de contribuições de seguridade social pelo Tesouro Nacional e a falta de posterior destinação à seguridade social — inclusive, mas não só, pela institucionalização da DRU, a Desvinculação das Receitas da União — acabam por aumentar as receitas gerais da União, incentivando-a a vôos mais altos, sobretudo pela desnecessidade de repartir tais receitas com Estados, Distrito Federal e Municípios.

Hugo de Brito Machado, atento a esse desrespeito à vontade do legislador original constituinte, arremata:

> *O exame dos balanços gerais da União revela que as contribuições de previdência, cujo total representava, em 1989, apenas 34% da receita tributária, passou a oscilar entre 110% e 121% nos anos de 1990 a 1994. Em 1995 a arrecadação dessas contribuições correspondeu a mais de 148% da receita tributária. Em outras palavras, as contribuições de previdência corresponderam, em 1995, a quase vez e meia de tudo quanto a União arrecadou com todos os seus tributos.*[50][51]

Por outro lado, o crescimento do Estado Social exige cada vez mais recursos financeiros para fazer frente às novas necessidades

---

(48) Hugo de Brito Machado (Coordenador), *As contribuições no sistema tributário brasileiro*, p. 320.

(49) *Idem*, p. 356.

(50) *Curso de direito tributário*, p. 346.

(51) Atualizamos esses dados para o ano de 2004, segundo informações do Governo Federal, e notamos que do total de tributos federais, as contribuições de seguridade social somaram 244 bilhões de reais, ou seja, 58% do total arrecadado. Na matemática de Hugo de Brito, a arrecadação dessas contribuições equivaleu a 137% do total arrecadado com todos os demais tributos federais — 178 bilhões de reais em 2004, resultando numa arrecadação total de 422 bilhões de reais.

públicas que, antes, eram necessidades meramente privadas. Daí a exigência de novas fontes de recursos.

A regra-matriz das contribuições reza que *compete exclusivamente à União instituir contribuições sociais.* Ora, parece-nos que essa disposição deixa claro que há possibilidade de instituição de outras contribuições sociais que não apenas aquelas já previstas no Texto Constitucional, pois, caso contrário, não teria sentido a atribuição de competência tributária à União para a instituição dessas contribuições no art. 149, pois as demais espécies de contribuição social estão previstas em artigos próprios — 195, 212, §5º e 240.

Nessa linha de raciocínio decidiu o Supremo Tribunal Federal, ao reconhecer a constitucionalidade da contribuição social geral instituída pela Lei Complementar n. 110/01.[52]

Note-se que, ao contrário dessa contribuição social geral, de nítida natureza tributária, as contribuições para o FGTS não têm natureza tributária, mas sim natureza trabalhista e social, como decidido pelo Supremo Tribunal Federal e pelo Superior Tribunal de Justiça.[53] Decorre daí que lhe é inaplicável o regime jurídico tributário.

---

(52) STF, ADI n. 2556, DJ 08.08.03. EMENTA: Ação direta de inconstitucionalidade. Impugnação de artigos e de expressões contidas na Lei Complementar federal n. 110, de 29 de junho de 2001. Pedido de liminar. — A natureza jurídica das duas exações criadas pela lei em causa, neste exame sumário, é a de que são elas tributárias, caracterizando-se como contribuições sociais que se enquadram na sub-espécie "contribuições sociais gerais" que se submetem à regência do art. 149 da Constituição, e não à do art. 195 da Carta Magna. — Não-ocorrência de plausibilidade jurídica quanto às alegadas ofensas aos arts. 145, § 1º, 154, I, 157, II, e 167, IV, da Constituição. — Também não apresentam plausibilidade jurídica suficiente para a concessão de medida excepcional como é a liminar as alegações de infringência ao art. 5º, LIV, da Carta Magna e ao art. 10, I, de seu ADCT. — Há, porém, plausibilidade jurídica no tocante à argüição de inconstitucionalidade do art. 14, *caput*, quanto à expressão "produzindo efeitos", e seus incisos I e II da Lei Complementar objeto desta ação direta, sendo conveniente, dada a sua relevância, a concessão da liminar nesse ponto. Liminar deferida em parte, para suspender, *ex tunc* e até final julgamento, a expressão "produzindo efeitos" do *caput* do art. 14, bem como seus incisos I e II, todos da Lei Complementar federal n. 110, de 29 de junho de 2001.

(53) STF, RE n. 100249, DJ 01.07.88; RE n. 134328, DJ 19.02.93; STJ, RESP n. 491326, DJ 03.05.04

4. Contribuições de Seguridade Social

4.1. Conceito

Já vimos que a finalidade qualifica as contribuições. Nessa linha de raciocínio, podemos conceituar a exação em estudo como tributos com finalidade constitucionalmente determinada a financiar as atividades do Estado na área de seguridade social, aí compreendidas as ações de saúde, assistência e previdência social. Tem sua regra-matriz no art. 195 da Constituição Federal.[1]

Marco Aurélio Greco faz precisa observação no sentido de que, nas contribuições, "o conceito básico não é o poder de império do Estado,

---

(1) Art. 195. A seguridade social será financiada por toda a sociedade, de forma direta e indireta, nos termos da lei, mediante recursos provenientes dos orçamentos da União, dos Estados, do Distrito Federal e dos Municípios, e das seguintes contribuições sociais:
I — do empregador, da empresa e da entidade a ela equiparada na forma da lei, incidentes sobre:
a) a folha de salários e demais rendimentos do trabalho pagos ou creditados, a qualquer título, à pessoa física que lhe preste serviço, mesmo sem vínculo empregatício;
b) a receita ou o faturamento;
c) o lucro;
II — do trabalhador e dos demais segurados da previdência social, não incidindo contribuição sobre aposentadoria e pensão concedidas pelo regime geral de previdência social de que trata o art. 201;
III — sobre a receita de concursos de prognósticos;
IV — do importador de bens ou serviços do exterior, ou de quem a lei a ele equiparar.
§ 1º — As receitas dos Estados, do Distrito Federal e dos Municípios destinadas à seguridade social constarão dos respectivos orçamentos, não integrando o orçamento da União.
§ 2º — A proposta de orçamento da seguridade social será elaborada de forma integrada pelos órgãos responsáveis pela saúde, previdência social e assistência social, tendo em vista as metas e prioridades estabelecidas na lei de diretrizes orçamentárias, assegurada a cada área a gestão de seus recursos.
§ 3º — A pessoa jurídica em débito com o sistema da seguridade social, como estabelecido em lei, não poderá contratar com o Poder Público nem dele receber benefícios ou incentivos fiscais ou creditícios.
§ 4º — A lei poderá instituir outras fontes destinadas a garantir a manutenção ou expansão da seguridade social, obedecido o disposto no art. 154, I.

nem o benefício que o indivíduo vai obter diretamente de uma atividade do Estado (nem necessariamente o seu custo), mas sim o conceito de solidariedade em relação aos demais integrantes de um grupo social ou econômico, em função de certa finalidade".[(2)]

Nas contribuições sociais de seguridade social, mais do que em qualquer outra espécie de contribuição, a solidariedade é característica indelével, pois diz respeito, com maior ou menor intensidade, à toda população brasileira.

Esmiucemos a idéia.

Embora o conceito de capacidade contributiva seja aplicado, essencialmente, aos impostos, é inegável que o *status* de sujeito passivo de qualquer tributo somente pode ser ocupado por quem demonstrar alguma capacidade econômica, inclusive por força do art. 3º do Código Tributário Nacional, segundo o qual tributo é uma prestação pecuniária. Não se pode confundir, portanto, a existência de capacidade econômica

---

§ 5º — Nenhum benefício ou serviço da seguridade social poderá ser criado, majorado ou estendido sem a correspondente fonte de custeio total.

§ 6º — As contribuições sociais de que trata este artigo só poderão ser exigidas após decorridos noventa dias da data da publicação da lei que as houver instituído ou modificado, não se lhes aplicando o disposto no art. 150, III, *b*.

§ 7º — São isentas de contribuição para a seguridade social as entidades beneficentes de assistência social que atendam às exigências estabelecidas em lei.

§ 8º — O produtor, o parceiro, o meeiro e o arrendatário rurais e o pescador artesanal, bem como os respectivos cônjuges, que exerçam suas atividades em regime de economia familiar, sem empregados permanentes, contribuirão para a seguridade social mediante a aplicação de uma alíquota sobre o resultado da comercialização da produção e farão jus aos benefícios nos termos da lei.

§ 9º — As contribuições sociais previstas no inciso I deste artigo poderão ter alíquotas ou bases de cálculo diferenciadas, em razão da atividade econômica ou da utilização intensiva de mão-de-obra.

§ 10 — A lei definirá os critérios de transferência de recursos para o sistema único de saúde e ações de assistência social da União para os Estados, o Distrito Federal e os Municípios, e dos Estados para os Municípios, observada a respectiva contrapartida de recursos.

§ 11 — É vedada a concessão de remissão ou anistia das contribuições sociais de que tratam os incisos I, *a*, e II deste artigo, para débitos em montante superior ao fixado em lei complementar.

§ 12 — A lei definirá os setores de atividade econômica para os quais as contribuições incidentes na forma dos incisos I, *b*; e IV do *caput*, serão não-cumulativas

§ 13 — Aplica-se o disposto no § 12 inclusive na hipótese de substituição gradual, total ou parcial, da contribuição incidente na forma do inciso I, *a*, pela incidente sobre a receita ou o faturamento.

(2) Cf. Contribuições: uma figura *sui generis*, p. 83.

com sua consideração para fins de tributação. A capacidade econômica sempre estará presente nos contribuintes, mas nem sempre poderá, de forma juridicamente válida, ser considerada.

Decorre daí que somente aqueles que detêm alguma capacidade econômica poderão ser eleitos contribuintes das contribuições de seguridade social. Essas contribuições, entretanto, como veremos a seguir, irão formar o orçamento próprio da seguridade social, o qual irá custear ações não só na área de previdência social, dirigida aos contribuintes pessoas físicas, mas também nas áreas de saúde e assistência social. Estas duas últimas independem de contribuição, sendo a primeira informada pelo acesso universal igualitário e a última prestada a quem dela necessitar, em regra os menos favorecidos, sem qualquer capacidade econômica, o que demonstra a amplitude da solidariedade que informa o sistema.

4.2. Distinção do imposto

Parte da doutrina classifica as contribuições de seguridade social ora como imposto, ora como taxa, de acordo com a materialidade da hipótese de incidência. Não concordamos com essa classificação. A confusão, para nós, tem endereço certo: o art. 4º do Código Tributário Nacional.(3)

Isso porque, como já afirmamos, esse art. 4º não encontra mais suporte de validade na Constituição Federal. Nessa linha de pensamento não estamos sozinhos.

Hugo de Brito Machado afirma categoricamente que "em se tratando de contribuições a destinação é essencial. Às contribuições não se aplica a norma do art. 4º do Código Tributário Nacional."(4)

Roque Antônio Carrazza a esse respeito afirma:

Não pretendemos aqui questionar o art. 4º, II, do Código Tributário Nacional, quando prescreve que a destinação legal do produto da arrecadação de um tributo não lhe altera a natureza jurídica.

---

(3) Art. 4º A natureza jurídica específica do tributo é determinada pelo fato gerador da respectiva obrigação, sendo irrelevantes para qualificá-la:
I — a denominação e demais características formais adotadas pela lei;
II — a destinação legal do produto da sua arrecadação.

(4) Cf. *As contribuições no sistema tributário brasileiro*, p. 21.

Todavia, tal proposição é estranha ao assunto que ora nos ocupa, uma vez que, como cuidamos de demonstrar, a vinculação da receita obtida, por incontornável determinação constitucional, é da essência das contribuições do art. 149 da Constituição Federal.[5]

Eurico Marcos Diniz de Santi assim se manifesta:

Se a Constituição, ex vi *do art. 167, IV, ressalvada a repartição constitucional, veda expressamente a vinculação de receita de impostos a órgãos, fundo ou despesa, então o art. 4º, II, do CTN infirma a desimportância da destinação legal, e esse aspecto passa a tornar-se relevante (pelo menos negativamente) para se determinar a espécie tributária. Havendo destinação legal do gravame, de imposto é que não se trata.*[6]

Para *Zélia Luiza Pierdoná* "está demonstrado que a questão é prenhe de controvérsias, não podendo aceitar-se, de forma absoluta, a regra inserta no inciso II do art. 4º do CTN. Além desse preceito legal não encontrar fundamento de validade no texto constitucional".[7]

Wagner Balera trilha na mesma direção:

A definição da espécie tributária, no caso das contribuições, é complementada pela qualificação jurídica do respectivo destino.

No sistema tributário há um critério objetivo determinante para a qualificação do tributo como sendo espécie de contribuição social, além da referibilidade indireta e mediata da atuação estatal defronte ao obrigado, critério comum às contribuições: é o critério da finalidade social do recurso amealhado pelo Estado.

Está longe, portanto, de ser exato o comando estampado no art. 4º do Código Tributário Nacional, cujo teor, como demonstrado até aqui, fora refutado em passado remoto (desde, pelo menos, a legislação da previdência social) e recente (desde a Lei n. 5.107, editada no mesmo ano de 1966).[8]

---

(5) *Curso de direito constitucional tributário*, p. 523-524.

(6) *As classificações no sistema tributário brasileiro, in* Justiça Tributária: I Congresso Internacional de Direito Tributário, p. 139 *apud* PIERDONÁ, Zélia Luiza, *Contribuições para a seguridade social*, p. 85. Segundo a autora, o autor citado aponta três critérios diferenciadores das espécies tributárias previstos constitucionalmente: a vinculação ou não de uma atividade estatal no desenho da hipótese tributária; a previsão do destino legal do tributo; e a previsão legal da restituição.

(7) *Contribuições para a seguridade social*, p. 37-38.

(8) MACHADO, Hugo de Brito (Coordenador), *As contribuições no sistema tributário brasileiro*, p. 582.

Enfim, o Supremo Tribunal Federal reiteradamente tem reconhecido a existência constitucional de cinco espécies tributárias.[9]

Do exposto até aqui, notamos a linha divisória intransponível entre impostos e contribuições: enquanto aos primeiros é expressamente vedada a vinculação de sua receita a órgão, fundo ou despesas — com as ressalvas constitucionais, que não lhe retiram essa característica — para as contribuições a finalidade é constitucionalmente determinada. Ela integra a definição constitucional das contribuições.

Atendidas às limitações constitucionais, qualquer fato-signo presuntivo de riqueza, na expressão cunhada por *Alfredo Augusto Becker*, pode dar ensejo à incidência da regra de tributação, via impostos, e não poderemos esperar nada do Estado em contrapartida.[10] No caso das contribuições de seguridade social, ao contrário, a incidência da regra de tributação implica destinação do produto arrecadado ao sistema de seguridade social, inclusive nascendo, daí, o direito subjetivo do contribuinte de exigir essa destinação, pois, como já vimos, a destinação material integra a legitimidade constitucional das contribuições. O desenho traçado pelo legislador constituinte é completamente diferente para impostos e contribuições!

Essa diferenciação já foi enfrentada pelo Supremo Tribunal Federal no RE n. 329196, citado no item 3.2.

Wagner Balera também reconhece diferenças entre contribuições e impostos:

> *Enquanto a definição do imposto depende, exclusivamente, da consistência material da respectiva hipótese, a da contribuição exige que essa materialidade, de algum modo, indireto e mediato, esteja relacionada com a atuação estatal apta a provocar a cobrança do tributo.*[11]

Misabel Derzi repousa na finalidade o discrímen entre impostos e contribuições:

> *A destinação aos órgãos de Seguridade é toda a modificação essencial que o Texto Fundamental de 1988 previu para submeter*

---

(9) Nesse sentido: STF, RE n. 146733, DJ 12.03.93.

(10) Exceto, evidentemente, a destinação do produto arrecadado em prol do interesse público, decorrente do princípio republicano.

(11) MACHADO, Hugo de Brito (Coordenador), *As contribuições no sistema tributário brasileiro*, p. 568.

um tributo ao regime das contribuições sociais, referidas no art. 195. Muitas dessas contribuições teriam natureza específica de impostos, mas já nascem, por vontade constitucional, afetadas à órgão, fundo ou despesa.(12)

A convivência da contribuição social sobre o lucro líquido e o imposto de renda, como duas espécies tributárias diferentes, elucidam bem a questão, senão vejamos.

O comportamento humano de "auferir renda" constitui o aspecto material da hipótese de incidência tanto de uma como de outro. O que os diferencia é a finalidade constitucionalmente determinada da primeira. Daí que a análise tão-somente da materialidade da hipótese de incidência já não serve para diferenciar ambos, como registramos em páginas anteriores.

A Constituição, assim, dá tratamento jurídico distinto para impostos e contribuições, determinando, em conseqüência, aplicação de diferentes regimes jurídicos para cada um.

4.3. Distinção da taxa

As contribuições de seguridade social também são distintas das taxas.

Acerca destas, afirma *Roque Carrazza*:

De um modo geral, porém, tem-se entendido que a taxa é uma obrigação ex lege que nasce da realização de uma atividade estatal relacionada, de modo específico, ao contribuinte, embora muitas vezes por ele não requerida ou, até mesmo, para ele desvantajosa.(13)

As contribuições de seguridade social, assim como as taxas, circulam numa via de duas mãos com o Poder Público. Decorrem de uma atividade estatal e são devidas em função dessa atividade.

As taxas, porém, não têm finalidade constitucionalmente determinada, ao contrário das contribuições sociais. A compreensão desse ponto é fundamental.

---

(12) Contribuições sociais, Caderno de Pesquisas Tributárias, n.17, p. 142 *apud* Zélia Luiza Pierdoná, *Contribuições para a seguridade social*, p. 34.
(13) *Curso de direito constitucional tributário*, p. 469.

No aspecto material da hipótese de incidência da taxa haverá sempre uma atividade estatal específica relativa ao contribuinte. A taxa é cobrada em função dessa atividade. O produto da arrecadação deve servir para custear esse específico gasto público, mas isso não significa dizer que a finalidade da taxa é constitucionalmente determinada, até porque a taxa não é afetada à órgão, fundo ou despesa. Não estamos abandonando conceitos jurídicos para diferenciar essas espécies tributárias,(14) mas fixando-nos nos regimes jurídicos distintos traçados pela própria Constituição.

Justamente porque a arrecadação total da taxa deve ser equivalente ao total do custo da atividade pública é que o critério quantitativo da regra-matriz de incidência deve ser uma medida daquela atividade.

Para *Aires Barreto* a base de cálculo da taxa sempre deve medir o conteúdo dimensível desses fatos, ou seja, do serviço público prestado. *Geraldo Ataliba* afirma que "se a h.i. da taxa é só uma atuação estatal, referida a alguém, sua base imponível é uma dimensão qualquer da própria atividade do estado: custo, valor ou outra grandeza qualquer (da própria atividade)".(15)

Essa correlação entre o critério quantitativo da regra-matriz de incidência e o custo total da atividade pública nada tem a ver com a finalidade constitucional do tributo, pois o produto da arrecadação das taxas, assim como dos impostos e das contribuições de melhoria, vai integrar o orçamento fiscal geral. É irrelevante, sob o ponto de vista jurídico, a destinação que a pessoa política competente dará ao produto de quaisquer desses três tributos para determinar sua natureza jurídica.

Na seguridade social, como o princípio da solidariedade contributiva informa todo o sistema, não há correlação entre o critério quantitativo da regra-matriz de incidência e o custo total da atividade pública, ou, noutras palavras, o valor da contribuição de seguridade social não tem relação direta com o custo total das ações de seguridade social. Repousa aqui outra diferença entre taxas e contribuições de seguridade social: a falta de um conteúdo dimensível do serviço público prestado na base de cálculo das contribuições de seguridade social.

Sem dúvida, as bases de cálculo "folha de salários", "faturamento", "lucro", "receita de concursos de prognósticos", "resultado da comercialização da produção", "remuneração do trabalhador", não traduzem estimativa

---

(14) O que nos levaria a incidir nos erros tão apontados por Geraldo Ataliba e Alfredo Augusto Becker.

(15) *Hipótese de incidência tributária*, p. 150.

alguma do custo do sistema de seguridade social. Além do mais, dois trabalhadores com idêntica base de cálculo — ou seja, idêntica remuneração — podem ter contribuições diferentes — *v.g.* um contribuinte na classe de empregado com alíquota de 11% e outro na classe de contribuinte individual, com alíquota de 20% — e, no entanto, direito a benefícios previdenciários de igual valor, pois estes são calculados com base no salário-de-contribuição que equivale à sua remuneração.

Salta aos olhos que não há correlação entre o critério quantitativo da regra-matriz de incidência e o custo da atividade pública, neste caso o sistema de seguridade social. Isso é assim porque, em função da solidariedade, o custo desse serviço público será atendido pela totalidade dos recursos que verterem para o sistema, nos termos do plano de custeio.[16]

Portanto, segundo o plano de custeio,[17] é o total da arrecadação que deve ser equivalente ou levemente superior ao total das despesas, não havendo que se falar nesta correlação em relação a cada contribuição considerada em si própria.[18]

Daí discordarmos de *Geraldo Ataliba* quando este afirma que a base de cálculo, nas contribuições sociais, deve repousar no elemento intermediário.[19] Este raciocínio é válido para as contribuições de melhoria, mas não para as contribuições do art. 149 da Constituição Federal.

Wagner Balera trilha no mesmo sentido:

> *De outra parte, o ideário do seguro social não pode ser deixado de lado. Pretende-se que haja — e o Direito há de ser para isso instrumento — uma solidariedade entre as gerações e dentro da própria geração que está sendo coberta pelos planos de seguridade social.*

---

(16) Ao tratarmos da regra da contrapartida voltaremos a falar sobre o plano de custeio.

(17) *Wagner Balera* registra que o atual plano de custeio da seguridade social foi elaborado sem qualquer levantamento prévio — estatístico, demográfico e atuarial — e sem nenhum apoio na técnica que norteia planos dessa envergadura. Cf. Contribuições Sociais, Caderno de Pesquisa Tributária, n. 17, p. 313.

(18) Para esse cálculo será fundamental o auxílio das Ciências Atuariais. Veja-se o art. 96 do Plano de Custeio da Seguridade Social, Lei n. 8.212/91: "O Poder Executivo enviará ao Congresso Nacional, anualmente, acompanhando a Proposta Orçamentária da Seguridade Social, projeções atuariais relativas à Seguridade Social, abrangendo um horizonte temporal de, no mínimo, 20 (vinte) anos, considerando hipóteses alternativas quanto às variáveis demográficas, econômicas e institucionais relevantes."

(19) Cf. *Hipótese de incidência tributária*, p. 194.

Desta sorte, quando cada um contribui o montante que paga não tem relação direta com o valor do benefício ou serviço que irá receber — pois a tanto equivaleria um regime de capitalização que, em nosso direito, só vigora na esfera da previdência privada. A contribuição de cada um serve (diria melhor, custeia) os benefícios que estão sendo pagos e os serviços que estão sendo prestados aos que hoje se enquadram nas situações de risco previstas em lei.

E a ausência de relação entre o montante pago pelo trabalhador e aquilo que lhe será devido, se e quando o mesmo vier a enquadrar-se em qualquer das contingências cobertas pela seguridade social, é mais um argumento em favor da distinta natureza das contribuições quando cotejadas com o tributo denominado taxa.[20]

Resta evidenciada, também, a diferença existente entre taxas e contribuições de seguridade social.

4.4. Financiamento e orçamento próprio

Nosso sistema jurídico disciplina três orçamentos distintos para a União, nos termos do art. 165, § 5º, da Constituição Federal:

Art. 165. Leis de iniciativa do Poder Executivo estabelecerão:

I — o plano plurianual;

II — as diretrizes orçamentárias;

III — os orçamentos anuais.

§ 5º — A lei orçamentária anual compreenderá:

I — o orçamento fiscal referente aos Poderes da União, seus fundos, órgãos e entidades da administração direta e indireta, inclusive fundações instituídas e mantidas pelo Poder Público;

II — o orçamento de investimento das empresas em que a União, direta ou indiretamente, detenha a maioria do capital social com direito a voto;

III — o orçamento da seguridade social, abrangendo todas as entidades e órgãos a ela vinculados, da administração direta ou indireta, bem como os fundos e fundações instituídos e mantidos pelo Poder Público.

---

(20) *Contribuições destinadas ao custeio da seguridade social*, p. 115.

Assim, a seguridade social tem orçamento apartado dos demais, ao lado do orçamento fiscal referente aos Poderes da União, seus fundos, órgãos e entidades da administração direta e indireta, inclusive fundações instituídas e mantidas pelo Poder Público e do orçamento de investimento das empresas em que a União, direta ou indiretamente, detenha a maioria do capital social com direito a voto.

A elaboração de um orçamento destacado dos demais justifica-se na medida da importância que adquirem as ações de seguridade social, todas elas envolvendo direitos fundamentais. Com orçamento apartado, imaginou o constituinte, seria mais difícil a União apanhar recursos da seguridade social para investir em despesas gerais, tecnicamente custeada pelos impostos.

Os orçamentos não se confundem. Por essa razão *Wagner Balera* afirma que as contribuições sociais situam-se no campo da parafiscalidade.

Parafiscalidade, como já comentado em linhas anteriores, é a técnica segundo a qual uma pessoa política detentora de competência tributária arrecada diretamente determinado tributo ou delega capacidade tributária para um órgão seu arrecadá-lo, mas sempre objetivando a gestão dos recursos arrecadados pelo órgão descentralizado, na consecução de suas finalidades.

Tal distinção é relevante e não pode passar despercebida.

A esse respeito afirmou *Hugo de Brito Machado*:

Não pode prevalecer, como sustentam alguns, por ignorância ou má-fé, o princípio da unidade orçamentária. Esse princípio não pode sobrepor-se à Constituição Federal, que estabeleceu de forma diferente exatamente para superar tal princípio, que ficou restrito a contas do Tesouro e das autarquias comuns. Não se aplica à seguridade social, que se tornou uma autarquia de nível constitucional por força dos supra citados dispositivos. (...)

A desinformação de muitos, e o descaso de poucos que efetivamente decidem, está destruindo a obra do constituinte de 1988, e tudo leva a acreditar que, em breve, as contribuições sobre o faturamento e o lucro serão transformadas em impostos, a engordar as burras do Tesouro Nacional.[21]

---

(21) *Curso de direito tributário*, p. 346.

Wagner Balera fez pesquisa importante sobre o assunto:

> *É prática comum que o Congresso Nacional aprove leis mediante as quais são desviados recursos da seguridade social para finalidades distintas das áreas de saúde, previdência e assistência social. Em sumária pesquisa, pudemos encontrar, apenas no período de 1995 a 2002, cento e nove leis que oficializaram o inconstitucional desvio de recursos. No mesmo dia, 28 de dezembro de 2001, oito leis (ns. 10.376, 10.380, 10.384, 10.387, 10.391, 10.392, 10.396 e 10.400) ordenaram o remanejamento de verbas do orçamento da seguridade social para todas as outras atividades e funções governamentais que em nada se relacionam com a saúde, com a previdência social e com a assistência social.*[22]

Contribui para o agravamento desse quadro a arrecadação das contribuições de seguridade social incidentes sobre o faturamento e o lucro pelo Tesouro Nacional e o não repasse das mesmas à seguridade social, como bem demonstrado em estudo feito pela ANFIP — Associação Nacional dos Fiscais da Previdência Social.

Sacha Calmon Navarro Coelho não vê inconstitucionalidade na arrecadação de contribuições de seguridade social pelo Tesouro Nacional,[23] desde que não haja 'tredestinação real, ou seja, o emprego do tributo arrecadado noutros fins, contra o orçamento ditado pelo Congresso e a destinação indicada pela Constituição'.[24]

A aprovação da Desvinculação das Receitas da União, a *DRU*, por meio da Emenda Constitucional n. 42/03, é outro peso jogado nas costas da seguridade social.[25]

4.5. Solidariedade contributiva (Financiamento direto e indireto)

Nos termos do *caput* do art. 195 da Constituição Federal, a seguridade social será financiada por toda a sociedade.

---

(22) *Sistema de seguridade social*, p. 58.

(23) No mesmo sentido decidiu o STF no julgamento do RE n. 146733, DJ 06.11.92.

(24) Estudo breve sobre contribuições sociais às luzes da Constituição de 1988, Revista de Direito Tributário, n. 60, p. 99.

(25) Eis o art. 2º da referida Emenda Constitucional: Os artigos do Ato das Disposições Constitucionais Transitórias a seguir enumerados passam a vigorar com as seguintes alterações:
"Art. 76. É desvinculado de órgão, fundo ou despesa, no período de 2003 a 2007, vinte por cento da arrecadação da União de impostos, contribuições sociais e de intervenção no domínio econômico, já instituídos ou que vierem a ser criados no referido período, seus adicionais e respectivos acréscimos legais.

Muito mais que regra, a norma jurídica em questão representa verdadeiro *princípio,* denominado princípio da solidariedade contributiva.

Com efeito, nos termos do art. 194, VI, da Carta Política, é objetivo da seguridade social a *diversidade da base de financiamento.* Objetivo, aqui, deve ser entendido como princípio. Aliás, nessa linha de raciocínio, o art. 1º da Lei de Custeio da Seguridade Social arrola entre seus princípios e diretrizes a *diversidade da base de financiamento.*

José Afonso da Silva, no mesmo sentido, entende o princípio da diversidade da base de financiamento como princípio da solidariedade financeira.(26)

João Antônio Pereira Leite ensina que, entre os objetivos sociais do custeio, segundo a Organização Internacional do Trabalho, está o de adotar métodos que conscientizem a pessoa protegida do custo das prestações que recebe e, ao mesmo tempo, acarretem uma ampla aplicação do princípio da solidariedade entre os participantes do sistema, inclusive entre ricos e pobres.(27)

O financiamento da seguridade social dá-se de forma direta e indireta.

Na forma direta, a própria sociedade é chamada a contribuir, por meio das contribuições de seguridade social. Assim, nos termos do art. 195, I, II, III e IV são sujeitos passivos das contribuições de seguridade social o empregador, a empresa, a entidade a ela equiparada na forma da lei, o trabalhador, os demais segurados da previdência social, o empresário responsável pelos concursos de prognósticos, e o importador de bens ou serviços do exterior, ou quem a lei a ele equiparar.(28)

Na forma indireta, por outro lado, é a União, os Estados, o Distrito Federal e os Municípios que contribuem mediante recursos provenientes de seus orçamentos. Diz-se indireta porque, na verdade, também é a sociedade quem contribui, mas por meio dos tributos em geral, os quais vão suprir os orçamentos públicos.

Como acentua *Wagner Balera,* "ainda que haja uma parcela do financiamento previdenciário que advirá dos orçamentos das diversas pessoas políticas (art. 195, *caput*), os maiores responsáveis pelo custeio do sistema prosseguem sendo os trabalhadores e os empregadores."(29)

---

(26) Cf. *Curso de direito constitucional positivo,* p. 808.

(27) *Curso elementar de direito previdenciário,* p. 171.

(28) Em relação a este último contribuinte, veja-se o item 4.9.

(29) *Contribuições destinadas ao custeio da seguridade social,* p. 111.

O suporte de validade das contribuições de seguridade social instituídas por meio de lei ordinária reside precisamente no *caput* do art. 195. Em outras palavras, ou as contribuições de seguridade social instituídas na legislação ordinária têm previsão no *caput* do art. 195 ou, fatalmente, estarão fadadas à inconstitucionalidade.

Nesse sentido é a jurisprudência do Supremo Tribunal Federal.[30]

Assim, novas contribuições devem ser instituídas por meio de lei complementar, nos termos do § 4º do art. 195. Ao tratarmos das contribuições residuais desdobraremos o tema.

4.6. Contribuições a cargo do empregador, da empresa e da entidade a ela equiparada na forma da lei

No que tange às contribuições de seguridade social, a Constituição trata da mesma forma os empregadores, a empresa e a entidade a ela equiparada na forma da lei.

No âmbito do Direito Previdenciário a expressão 'empresa' tem significado próprio, sem identificação com os conceitos do Direito Comercial ou Trabalhista. Aqui é considerado como empresa aquele que exerce individualmente o comércio — chamado *titular de firma individual* — ou a sociedade que assume o risco de atividade urbana ou rural, não importando se tem fins lucrativos ou não, pois tal traço não importa diretamente ao Direito Previdenciário.

Também são considerados como empresa os órgãos e entidades da administração pública direta, indireta ou fundacional. Isso significa dizer que os municípios, estados, Distrito Federal, bem como seus órgãos, também *podem ser* contribuintes do Regime Geral de Previdência Social. Bem entendido: serão contribuintes do RGPS se não exercerem a faculdade que lhes foi conferida pelo art. 149, § 1º, da Constituição Federal, no sentido de instituírem regime próprio de previdência social em benefício de seus servidores. Exercida a faculdade, não serão contribuintes do regime geral, exceto em relação aos servidores ocupantes exclusivamente de cargo em comissão, nos termos do art. 40, § 13º da Constituição Federal.[31]

---

(30) STF, ADIn n. 1432, DJ 29.11.96.

(31) Art. 40. Aos servidores titulares de cargos efetivos da União, dos Estados, do Distrito Federal e dos Municípios, incluídas suas autarquias e fundações, é assegurado regime de previdência de caráter contributivo e solidário, mediante contribuição

É inegável que a empresa beneficia-se diretamente do sistema de seguridade social que o Estado põe à disposição de seus empregados. Empregados protegidos pelo sistema laboram com mais tranqüilidade e, assim, produzem mais. Da mesma forma, a proteção social oferecida pelos planos de seguridade retira obrigação que, antes, era da empresa. Daí a legitimidade do chamado aos empregadores para contribuir.

Em sua redação original, o inciso I do art. 195 contemplava apenas os empregadores como sujeitos passivos destas contribuições, o que levou alguns a afirmar que as empresas sem empregados não eram contribuintes no regime anterior ao da Emenda Constitucional n. 20/98. Nesse sentido *Andrei Pitten Velloso*, *Daniel Machado da Rocha* e *José Paulo Baltazar Júnior*.[32]

Segundo a nova redação deste artigo, trazida pela Emenda Constitucional n. 20/98, são três as contribuições de seguridade social a cargo do empregador, da empresa e da entidade a ela equiparada, incidentes sobre a folha de salários e demais rendimentos do trabalho pagos ou creditados, a qualquer título, à pessoa física que lhe preste serviço, mesmo sem vínculo empregatício; a receita ou o faturamento; e o lucro.

A primeira das contribuições é genericamente denominada "folha de salários". Entretanto, o Supremo Tribunal Federal, a partir do julgamento do RE n. 166772, adotou posição no sentido de que a expressão "folha de salários" utilizada no art. 195, I, da Constituição Federal — em sua redação original —, tem conteúdo técnico, não abrangendo qualquer pagamento.[33] Sendo assim, excluiu dessa relação a remuneração devida

---

do respectivo ente público, dos servidores ativos e inativos e dos pensionistas, observados critérios que preservem o equilíbrio financeiro e atuarial e o disposto neste artigo.

§ 13 — Ao servidor ocupante, exclusivamente, de cargo em comissão declarado em lei de livre nomeação e exoneração bem como de outro cargo temporário ou de emprego público, aplica-se o regime geral de previdência social.

(32) Comentários à lei do custeio da seguridade social, p. 105.

(33) Eis a ementa: INTERPRETAÇÃO — CARGA CONSTRUTIVA — EXTENSÃO. Se é certo que toda interpretação traz em si carga construtiva, não menos correta exsurge a vinculação a ordem jurídico-constitucional. O fenômeno ocorre a partir das normas em vigor, variando de acordo com a formação profissional e humanística do intérprete. No exercício gratificante da arte de interpretar, descabe "inserir na regra de direito o próprio juízo — por mais sensato que seja — sobre a finalidade que 'conviria' fosse por ela perseguida" — Celso Antonio Bandeira de Mello — em parecer inédito. Sendo o Direito uma ciencia, o meio justifica o fim, mas não este aquele. CONSTITUIÇÃO — ALCANCE POLÍTICO — SENTIDO DOS VOCÁBULOS — INTERPRETAÇÃO. O conteúdo político de uma Constituição não e conducente ao

aos administradores e autônomos, justamente porque não derivada de contrato de trabalho nos termos da Consolidação das Leis do Trabalho. O mesmo raciocínio foi adotado em relação aos trabalhadores avulsos. Por isso, tecnicamente, não é correto conceituar-se essa contribuição como "folha de salários". Com a promulgação da EC n. 20/98 a redação do art. 195, I, da Constituição Federal passou a abranger não só a folha de salários, mas também os demais rendimentos do trabalho pagos ou creditados, a qualquer título, à pessoa física que preste serviço à empresa, mesmo sem vínculo empregatício, englobando a todos.

A segunda contribuição, incidente sobre o faturamento ou receita, tem redação dada pela EC n. 20/98. A redação original contemplava apenas o termo faturamento. Para nós, entretanto, o termo faturamento é sinônimo de receita bruta, pois, repetimos, conceitos de Direito Comercial não podem ser livremente transpostos para o Direito Previdenciário. Nesse sentido decidiu o Supremo Tribunal Federal.(34) Igual linha de raciocínio desenvolve *Zélia Luiza Pierdoná*.(35)

---

desprezo do sentido vernacular das palavras, muito menos ao do técnico, considerados institutos consagrados pelo Direito. Toda ciência pressupõe a adoção de escorreita linguagem, possuindo os institutos, as expressões e os vocábulos que a revelam conceito estabelecido com a passagem do tempo, quer por força de estudos acadêmicos quer, no caso do Direito, pela atuação dos Pretórios. SEGURIDADE SOCIAL — DISCIPLINA — ESPÉCIES — CONSTITUIÇÕES FEDERAIS — DISTINÇÃO. Sob a égide das Constituições Federais de 1934, 1946 e 1967, bem como da Emenda Constitucional n. 1/69, teve-se a previsão geral do tríplice custeio, ficando aberto campo propício a que, por norma ordinária, ocorresse a regência das contribuições. A Carta da República de 1988 inovou. Em preceitos exaustivos — incisos I, II e III do art. 195 — impôs contribuições, dispondo que a lei poderia criar novas fontes destinadas a garantir a manutenção ou expansão da seguridade social, obedecida a regra do art. 154, inciso I, nela inserta (§ 4º do art. 195 em comento). CONTRIBUIÇÃO SOCIAL — TOMADOR DE SERVIÇOS — PAGAMENTOS A ADMINISTRADORES E AUTÔNOMOS — REGÊNCIA. A relação jurídica mantida com administradores e autonomos não resulta de contrato de trabalho e, portanto, de ajuste formalizado à luz da Consolidação das Leis do Trabalho. Daí a impossibilidade de se dizer que o tomador dos serviços qualifica-se como empregador e que a satisfação do que devido ocorra via folha de salários. Afastado o enquadramento no inciso I do art. 195 da Constituição Federal, exsurge a desvalia constitucional da norma ordinária disciplinadora da matéria. A referência contida no § 4º do art. 195 da Constituição Federal ao inciso I do art. 154 nela insculpido, impõe a observância de veículo próprio — a lei complementar. Inconstitucionalidade do inciso I do art. 3º da Lei n. 7.787/89, no que abrangido o que pago a administradores e autônomos. Declaração de inconstitucionalidade limitada pela controvérsia dos autos, no que não envolvidos pagamentos a avulsos. DJ 16.12.94.

(34) RE n. 227890, DJ 11.12.98. No julgamento do RE 346084, DJ 01.09.06, o STF, entretanto, reconheceu a inconstitucionalidade do § 1º do art. 3º da Lei n. 9.718/98 no que ampliou o conceito de receita bruta para envolver a totalidade das receitas auferidas por pessoas jurídicas, independentemente da atividade por elas desenvolvida e da classificação contábil adotada.

(35) *Contribuições para a seguridade social*, p. 78.

Essas contribuições, como já vimos, podem ser veiculadas por simples lei ordinária. São inúmeros os casos onde o legislador editou lei ordinária quando a Constituição exigia lei complementar. Aqui temos um exemplo inverso. A contribuição sobre o faturamento foi instituída por meio da Lei Complementar n. 70/91, quando a exigência era de simples lei ordinária. Tendo em vista que o legislador infraconstitucional não pode alterar a competência fixada pela Constituição, a lei ordinária pode livremente dispor sobre a contribuição em estudo, inclusive alterando ou revogando a Lei Complementar n. 70/91, evidentemente naquilo que for de competência da lei ordinária.

Por fim, analisemos a contribuição sobre o lucro. Segundo a estrutura da regra matriz de incidência, à qual alude *Paulo de Barros Carvalho*, a norma jurídica é composta de um descritor (hipótese) e um prescritor (conseqüência).[36] No primeiro, encontramos os critérios material, espacial e temporal, ao passo que no segundo estão os critérios pessoal e quantitativo. Pois bem, o critério material do imposto de renda é idêntico ao critério material da contribuição de seguridade social sobre o lucro, ou seja, o comportamento de alguém auferir lucro. Noutros termos, é um *bis in idem,* mas expressamente autorizado pela Constituição Federal. Além do mais, a finalidade da contribuição a distingue do imposto de renda. Inconformados, inúmeros contribuintes ingressaram em juízo buscando a declaração de inconstitucionalidade da exação, o que foi, neste ponto, rechaçado pelo Supremo Tribunal Federal.[37]

4.7. Contribuições a cargo dos trabalhadores

O art. 195, II, prevê a contribuição do trabalhador e dos demais segurados da previdência social. Os demais segurados são arrolados pela lei.[38]

Como beneficiários diretos do sistema protetivo, justifica-se a contribuição dos trabalhadores. Diferentemente dos impostos, que devem ser graduados, nos termos do art. 145, § 1º, segundo a capacidade econômica do contribuinte, é o princípio da eqüidade que informará o esforço da participação de cada um, temperado, além do mais, pela solidariedade

(36) *Curso de direito tributário,* p. 238.
(37) STF, RE n. 146733, DJ 12.03.93.
(38) Lei n. 8.212/91, arts. 12 a 14.

que é ínsita a qualquer sistema de seguridade social. Assim, o critério quantitativo da regra-matriz de incidência deve considerar não só a necessidade de financiamento, sob os olhos da regra da contrapartida insculpida no art. 195, § 5º, como também a possibilidade de maior contribuição para o sistema de acordo com as forças de cada um. E o aumento da contribuição deve ser progressivo e não simplesmente proporcional. Explica-se: temos a proporcionalidade quando, aumentando a base de cálculo sobre a qual incide determinada alíquota, aumenta-se o valor do tributo. A alíquota é única, mas o valor final do tributo aumenta em função do aumento da base de cálculo. Já na progressividade, aumenta-se a alíquota em função do aumento da base de cálculo. Esse é o aumento a que nos referimos, o qual atende aos princípios da eqüidade no custeio e da solidariedade contributiva.

4.8. Contribuições sobre a receita de concursos de prognósticos

A receita de concursos de prognósticos também é base de cálculo das contribuições de seguridade social, nos termos do art. 195, III. Sujeito passivo da exação é o administrador do concurso. Por concurso de prognósticos entende-se todo e qualquer sorteio de números, loterias, apostas, inclusive as realizadas em reuniões hípicas, nos âmbitos federal, estadual, do Distrito Federal e municipal.(39) Entendemos que os *bingos* estão abrangidos por este dispositivo,(40) no mesmo sentido do pensamento de *Carlos Alberto P. de Castro* e *João Batista Lazzari*.(41) Em sentido contrário é a posição de *Sérgio Pinto Martins*.(42)

A disciplina normativa desta contribuição passa por um emaranhado de portarias, ofícios-circulares e decretos, fixando bases de cálculo e alíquotas, em flagrante violação à limitação constitucional da legalidade, constituindo-se em mais um fato a integrar o *manicômio tributário* ao qual referia-se *Alfredo Augusto Becker*. No âmbito deste trabalho, limita-

---

(39) Lei n. 8.212/91, art. 26.

(40) Melhor do que fechar as portas dos bingos, extinguindo milhares de postos de trabalho, seria regularizar seu funcionamento, abrindo aí nova fonte de custeio da seguridade social. Diga-se o mesmo sobre a instituição do imposto sobre grandes fortunas, o qual, nos termos do art. 80 do ADCT, compõe o Fundo de Combate e Erradicação da Pobreza, desde a promulgação da EC n. 31/00. Hiberna, entretanto, há quase vinte anos, como se a classe mais desprotegida pudesse esperar.

(41) *Manual de direito previdenciário*, p. 275.

(42) *Direito da seguridade social*, p. 228.

do aos aspectos constitucionais, não há espaço para aprofundamento da questão. Excelente estudo a esse respeito foi realizado por *Andrei Pitten Velloso, Daniel Machado da Rocha* e *José Paulo Baltazar Júnior*.[43] Resta a nós analisar a natureza jurídica desta contribuição.

A pessoa política competente para sua instituição, já vimos, é a União, nos termos do art. 149 da Constituição Federal. Por outro lado, "sendo essencial a qualquer relação jurídica a diversidade de sujeitos, caso os concursos de prognósticos sejam explorados diretamente pela União, na qualidade de administradora, exação tributária inexistirá, mas mera imposição da destinação dos recursos".[44]

Por essa razão, a contribuição não terá natureza tributária na hipótese de exploração direta pela União, pois esta não pode, ao mesmo tempo, ocupar o pólo ativo e passivo da relação jurídico-tributária.[45]

Essa situação, no entanto, constitui exceção, pois na hipótese de exploração por outras pessoas políticas ou por pessoas jurídicas de direito privado à contribuição aplica-se todo o raciocínio jurídico-tributário antes desenvolvido em relação às demais contribuições de seguridade social.[46] É que, nessa situação, haverá diversidade de sujeitos nos dois pólos da relação jurídico-tributária. Impende registrar que a imunidade prevista no art. 150, VI, *a*, da Constituição Federal diz respeito exclusivamente a impostos, não a contribuições.[47] Daí que nada impede a eleição do Distrito Federal, Estados e Municípios à condição de

---

(43) *Comentários à lei do custeio da seguridade social*, p. 189 e ss.

(44) *Idem*, p. 196.

(45) Atualmente essa situação inexiste, pois no âmbito federal a administração dos concursos de prognósticos dá-se pela Caixa Econômica Federal, pessoa jurídica de direito privado que não confunde-se com a União.

(46) No julgamento da ADIn n. 1.169, DJ 29.06.01, o STF reconheceu a possibilidade de pessoas jurídicas de direito privado explorarem "bingos", o que não contrasta com a competência privativa da União para legislar sobre a matéria. A competência privativa da União decorre do seguinte raciocínio, explícito no julgamento da ADIn n. 2.948, DJ 13.05.05: 1. A Constituição do Brasil determina expressamente que compete à União legislar sobre sistemas de consórcios e sorteios (art. 22, inciso XX). 2. A exploração de loterias constitui ilícito penal. Nos termos do disposto no art. 22, inciso I, da Constituição, lei que opera a migração dessa atividade do campo da ilicitude para o campo da licitude é de competência privativa da União. 3. Pedido de declaração de inconstitucionalidade julgado procedente.

(47) Art. 150. Sem prejuízo de outras garantias asseguradas ao contribuinte, é vedado à União, aos Estados, ao Distrito Federal e aos Municípios:
VI — instituir impostos sobre:
a) patrimônio, renda ou serviços, uns dos outros;

contribuintes dessa exação. Aliás, essas pessoas políticas também são contribuintes das contribuições de seguridade social incidentes sobre a remuneração paga aos seus servidores não incluídos em regime próprio de previdência e em relação à remuneração paga aos servidores ocupantes exclusivamente de cargos em comissão declarados em lei de livre nomeação e exoneração bem como de outro cargo temporário ou de emprego público, nos exatos termos do art. 149, § 1º e 40, § 13, ambos da Constituição Federal.

Por fim, não podemos deixar de registrar que essa é mais uma fonte de custeio da seguridade social mal aproveitada, em flagrante violação ao princípio da diversidade da base de financiamento.

4.9. Contribuições do importador de bens e serviços do exterior

A Emenda Constitucional n. 42/03 acrescentou o inciso IV ao art. 195 da Constituição Federal, dispondo sobre a contribuição de seguridade social do importador de bens ou serviços do exterior, ou de quem a lei a ele equiparar.[48]

O legislador constituinte derivado elegeu aqui novo sujeito passivo das contribuições de seguridade social, não previsto nos incisos anteriores. Entendemos que o exercício da competência residual previsto no art. 195, § 4º, tem, entre seus limites, a observância de correlação lógica entre o contribuinte eleito e a finalidade buscada, qual seja, o financiamento da seguridade social. Tal conclusão decorre da finalidade constitucionalmente determinada a que estão sujeitas as contribuições sociais e será analisada profundamente no próximo capítulo.

Esse raciocínio vale, é certo, para o exercício da competência residual, como afirmamos antes. Mas aqui não estamos diante dessa situação e sim de norma constitucional derivada que, a princípio, não observou essa correlação lógica. Veja-se que a *lei* instituidora do tributo, a Medida Provisória n. 164/04, convertida na Lei n. 10.865/04, elegeu como fato gerador desta contribuição a entrada de bens estrangeiros no território nacional, ou o pagamento, o crédito, a entrega, o emprego ou a remessa de valores a residentes ou domiciliados no exterior como contraprestação por serviço prestado. Parece inconteste que nenhum dos

---

(48) A Medida Provisória n. 164, de 29 de janeiro de 2004, convertida na Lei n. 10.865/04, instituiu referida contribuição.

critérios materiais acima referidos tem correlação lógica com a seguridade social. Alguns poderiam argumentar que às contribuições incidentes sobre a receita de concursos de prognósticos também falta essa correlação, mas essas foram previstas por vontade do legislador constituinte originário. Além do mais, os concursos de prognósticos são operados por trabalhadores, os quais são segurados obrigatórios da previdência social. A entrada de bens estrangeiros no território nacional não conta com a participação de destinatários do sistema de seguridade social. Enfim, relação alguma há na prestação de serviços por residentes ou domiciliados no exterior, os quais sequer são segurados obrigatórios da previdência social.

Na exposição de motivos da aludida medida provisória consta que: "Por fim, justifica-se a edição de Medida Provisória diante da relevância e urgência em equalizar, mediante tratamento isonômico, principalmente após a instituição da Contribuição para o PIS/PASEP e da COFINS não-cumulativa e da EC n. 49, de 2003, a tributação dos bens e serviços produzidos no País com os importados ou de residentes ou domiciliados no exterior, sob pena de prejudicar a produção nacional, favorecendo as importações pela vantagem comparativa proporcionada pela não incidência hoje existente, prejudicando o nível de emprego e a geração de renda no País".[49]

Parece a confissão do desvio de finalidade da contribuição. Como já vimos, as contribuições de seguridade social têm a finalidade constitucionalmente determinada de financiarem a seguridade social. É certo que a atividade nacional deve ser protegida em relação ao mercado internacional, mas, é óbvio, essa não é a função das contribuições de seguridade social.

Hugo de Brito Machado ensina que os tributos, além da clássica função de carrear recursos financeiros para o Estado, podem ser utilizados com o objetivo de interferir na economia privada, estimulando ou desestimulando setores da economia, e também como fonte de recursos destinados para o custeio de atividades que o Estado desenvolve por intermédio de entidades especificas, como é o caso do INSS.

Assim, quanto ao seu objetivo, o autor classifica os tributos em: fiscal, quando seu objetivo principal é a arrecadação de recursos financeiros para o Estado; extrafiscal, quando seu objetivo principal é a interferência no domínio econômico, buscando um efeito diverso da simples

(49) Exposição de Motivos, MP n. 164/04, item 12.

arrecadação de recursos financeiros; e, parafiscal, quando o seu objetivo é a arrecadação de recursos para o custeio de atividades que, em princípio, não integram funções próprias do Estado, mas este as desenvolve através de entidades específicas.(50)(51)

Essa classificação decorre da própria natureza constitucional de cada tributo, o que significa dizer que a utilização de um com a função de outro viola a própria Constituição Federal. Assim, os impostos políticos, com nítida função extrafiscal — imposto de importação de produtos estrangeiros; imposto de exportação, para o exterior, de produtos nacionais ou nacionalizados; imposto sobre produtos industrializados; e imposto sobre operações de crédito, câmbio e seguro, ou relativas a títulos ou valores mobiliários —, podem ter suas alíquotas alteradas por decreto e não estão sujeitos à limitação constitucional da anterioridade, plena ou especial, por decorrência de sua natureza extrafiscal. Se a exação prevista no art. 195, IV, tem função extrafiscal, deveria submeter-se ao regime dos impostos políticos e não ao das contribuições. A própria submissão à limitação constitucional da anterioridade especial contrasta com "a relevância e urgência em equalizar, mediante tratamento isonômico, (...) a tributação dos bens e serviços produzidos no País com os importados de residentes ou domiciliados no exterior, sob pena de prejudicar a produção nacional, favorecendo as importações pela vantagem comparativa proporcionada pela não incidência hoje existente, prejudicando o nível de emprego e a geração de renda no País".

José Guilherme Ferraz da Costa também entende inadequado, "do ponto de vista do arranjo lógico do sistema", utilizar-se contribuições de seguridade social com objetivos extrafiscais alheios ao próprio sistema de seguridade social.(52)

No mesmo sentido, como registra esse autor, é o pensamento de *Uendel Ugatti*, para quem não podem ser instituídas contribuições para o custeio da seguridade social segundo critérios extrafiscais.(53)

Ilídio das Neves rechaça a utilização de contribuições de seguridade social com finalidades extrafiscais, sem relação com a cobertura de riscos

---

(50) *Curso de direito tributário*, p. 59.

(51) Divergimos em parte do conceito de parafiscalidade, pois para nós a seguridade social é função típica do Estado Social. Por isso parafiscalidade significa dizer ao lado do orçamento fiscal, ou seja, recursos destinados para entidades específicas que desenvolvem atividades de relevante interesse público.

(52) Cf. *Incentivos fiscais na seguridade social*, p. 63.

(53) Cf. *O princípio constitucional da contrapartida na seguridade social*, p. 66.

sociais, o que é de sua natureza. Segundo este autor, esta "instrumentalização" transforma as contribuições em verdadeiros impostos.[54]

Andou mal, portanto, o legislador constituinte derivado, pois a exação em apreço, sob a ótica das contribuições de seguridade social, é inconstitucional.

4.10. Contribuição do segurado especial

Nos termos do art. 195, § 8º, da Constituição Federal, o produtor, o parceiro, o meeiro e o arrendatário rurais e o pescador artesanal, bem como os respectivos cônjuges, que exerçam suas atividades em regime de economia familiar, sem empregados permanentes, contribuirão para a seguridade social mediante a aplicação de uma alíquota sobre o resultado da comercialização da produção e farão jus aos benefícios nos termos da lei.

Na doutrina referidos contribuintes são denominados *segurados especiais*.

Acaso não houvesse referida norma constitucional, os segurados especiais certamente seriam incluídos na categoria de autônomos — hoje segurados individuais —, mas o legislador constituinte achou por bem dar tratamento tributário diferenciado a essa classe, possibilitando a inclusão dos mesmos no sistema previdenciário na medida de suas capacidades, ou seja, a variação no resultado de sua comercialização implica variação no valor da sua contribuição, o que é bem mais favorável do que uma base de cálculo fixa, a qual, certamente, manteria tais segurados excluídos do sistema.[55]

Em breve observação, registre-se que, nos termos do art. 25 da Lei n. 8.212/91, a contribuição do empregador rural pessoa física também é calculada mediante a incidência de uma alíquota sobre a receita bruta proveniente da comercialização de sua produção. O fundamento constitucional da exação, entretanto, não é o § 8º do art. 195, mas sim o inciso I, *b*, do mesmo artigo, pois a expressão receita bruta equivale a faturamento.

---

(54) *Apud Incentivos fiscais na seguridade social*, p. 63.

(55) Como já afirmamos anteriormente, há atualmente cerca de 40 milhões de trabalhadores excluídos do sistema previdenciário.

4.11. Contribuições residuais

O *caput* do art. 195 arrola as contribuições de seguridade social ordinárias, ou seja, aquelas já previstas no próprio Texto e que podem ser instituídas por meio de simples lei ordinária, como já vimos.

Atento às variações que podem afetar o equilíbrio financeiro da seguridade social, bem como à natural expansão que é de se esperar do sistema, o constituinte não deixou o legislador infra-constitucional de mãos amarradas. Autorizou, no § 4º do mesmo artigo, a instituição de contribuições residuais.

Exemplo do exercício dessa competência foi a Lei Complementar n. 84/96, à qual instituiu "fonte de custeio para a manutenção da Seguridade Social, na forma do § 4º do art. 195 da Constituição Federal". Referida lei foi expressamente revogada pela Lei n. 9.876/99, sem vício de inconstitucionalidade, pois com a promulgação da Emenda Constitucional n. 20/98 toda matéria disciplinada por essa lei complementar passou ao campo de atuação da lei ordinária.

A competência residual vem ao encontro do princípio da diversidade da base de financiamento e complementa o princípio da solidariedade contributiva.

O legislador pode, então, escolher novos comportamentos humanos aptos a configurarem o aspecto material da hipótese de incidência das contribuições de seguridade social. Mas essa escolha tem limites, como veremos no próximo capítulo.

4.12. Contribuição para o PIS/PASEP

As contribuições para o PIS/PASEP foram expressamente recepcionadas pela Constituição Federal, sem solução de continuidade,[56] nos termos do seu art. 239:

---

(56) Nesse sentido decidiu o STF. RE n. 169091, DJ 04.08.95. Eis a ementa: PIS: LC 7/70: RECEPÇÃO, SEM SOLUÇÃO DE CONTINUIDADE, PELO ART. 239 DA CONSTITUIÇÃO. DISPONDO O ART. 239 CF SOBRE O DESTINO DA ARRECADAÇÃO DA CONTRIBUIÇÃO PARA O PIS, A PARTIR DA DATA MESMA DA PROMULGAÇÃO DA LEI FUNDAMENTAL EM QUE SE INSERE, É EVIDENTE QUE SE TRATA DE NORMA DE EFICÁCIA PLENA E IMEDIATA, MEDIANTE A RECEPÇÃO DE LEGISLAÇÃO ANTERIOR; O QUE, NO MESMO ART. 239, SE CONDICIONOU A DISCIPLINA DA LEI FUTURA NÃO FOI A CONTINUIDADE DA COBRANÇA DA EXAÇÃO, MAS APENAS — COMO EXPLÍCITO NA PARTE FINAL DO DISPOSITIVO — OS

Art. 239. A arrecadação decorrente das contribuições para o Programa de Integração Social, criado pela Lei Complementar n. 7, de 7 de setembro de 1970, e para o Programa de Formação do Patrimônio do Servidor Público, criado pela Lei Complementar n. 8, de 3 de dezembro de 1970, passa, a partir da promulgação desta Constituição, a financiar, nos termos que a lei dispuser, o programa do seguro-desemprego e o abono de que trata o § 3º deste artigo.

Para perfeita compreensão da matéria, é fundamental uma breve análise histórica da contribuição. *Wagner Balera*, a respeito, ensina:

Na mensagem encaminhada ao Congresso Nacional que acabou instituindo o chamado Programa de Integração Social, em cumprimento ao comando estampado no art. 160, itens I, II, IV e VI, da Constituição de 1967, o Governo Federal tratava de garantir a liberdade de iniciativa; a harmonia e solidariedade entre as categorias sociais da produção e a expansão das oportunidades de emprego produtivo, utilizando-se uma vez mais das contribuições como instrumental para o cumprimento dessas superiores finalidades.

O tipo de obrigação que o Programa impunha às empresas se depreende da simples leitura do art. 10, da Lei Complementar n. 7, de 1970, que se acha assim redigido:

"Art. 10. As obrigações das empresas, decorrentes desta Lei, são de caráter exclusivamente fiscal, não gerando direitos de natureza trabalhista nem incidência de qualquer contribuição previdenciária em relação a quaisquer prestações devidas por lei ou por sentença judicial, ao empregado."

De obrigação tributária, sem dúvida, cuidava a regra, consoante a definição dessa figura jurídica que o Título II do Código Tributário Nacional enuncia.

Essa mesma contribuição seria recepcionada pelo vigente art. 239 da Lei Maior, agora destinada ao financiamento do seguro-desemprego e do abono anual.[57]

Pois bem, o antigo Fundo PIS/PASEP foi sucedido pelo FAT — Fundo de Amparo ao Trabalhador —, gerido pelo Ministério do Trabalho,

---

TERMOS EM QUE A SUA ARRECADAÇÃO SERIA UTILIZADA NO FINANCIAMENTO DO PROGRAMA DE SEGURO-DESEMPREGO E DO ABONO INSTITUÍDO POR SEU § 3º.

(57) MACHADO, Hugo de Brito (Coordenador), *As contribuições no sistema tributário brasileiro*, p. 571.

responsável pelo financiamento das prestações do seguro-desemprego e do abono anual. A finalidade constitucionalmente determinada ao financiamento da seguridade social faz dessa uma típica contribuição de seguridade social. Significa dizer que o art. 239 merece tratamento jurídico idêntico aos incisos do art. 195.

No julgamento da ADC n. 1-1, o Supremo Tribunal Federal decidiu que a Constituição Federal autoriza a eleição do faturamento do empregador como base de cálculo da contribuição incidente sobre o faturamento e da contribuição PIS/PASEP.(58)

4.13. CPMF

A Emenda Constitucional n. 12/96 autorizou a União a instituir contribuição provisória sobre movimentação ou transmissão de valores e de créditos e direitos de natureza financeira, com finalidade constitucionalmente determinada, o Fundo Nacional de Saúde, o que indicava sua natureza de contribuição de seguridade social. O tributo foi criado por meio da Lei n. 9.311/96.

Nesse sentido, no julgamento da ADIn n. 1.497, relativo a CPMF, restou consignado pelo Ministro *Néri da Silveira*: "Certo está que, na espécie, se trata de contribuição social cujo produto da arrecadação é destinado integralmente ao Fundo Nacional de Saúde, para financiamento das ações e serviços de saúde. Preceitua o art. 194 da Constituição que a seguridade social compreende um conjunto integrado de ações de iniciativa dos poderes públicos e da sociedade, destinadas a assegurar os direitos relativos à saúde, à previdência e à assistência social. Trata-se, pois, *in casu*, de contribuição social."(59)

Nesse cenário, a CPMF atendia integralmente aos pressupostos constitucionais para sua instituição, pois, já vimos, o art. 198, § 1º, da Constituição Federal expressamente prevê a instituição de outras fontes para o custeio da saúde.

---

(58) STF, ADC n. 1, DJ 16.06.95.

(59) Eis a ementa: TRIBUTO — CONTRIBUIÇÃO — CPMF — EMENDA CONSTITUCIONAL N. 12/96 — INCONSTITUCIONALIDADE — EC 12/96. Na dicção da ilustrada maioria, não concorre, na espécie, a relevância jurídico-constitucional do pedido de suspensão liminar da Emenda Constitucional n. 12/96, no que prevista a possibilidade de a União vir a instituir a contribuição sobre a movimentação ou transmissão de valores e de créditos e direitos de natureza financeira, sem a observância do disposto nos arts. 153, § 5º, e 154, inciso I da Carta Federal. Relator vencido, sem o deslocamento da redação do acórdão. DJ 13.02.02.

A inteligente criação da CPMF estava conforme a solidariedade que informa os modernos sistemas de seguridade social, pois mesmo que só alguns usufruíssem do sistema público de saúde, essa vantagem repercutia na qualidade de vida de toda a população, o que legitimava o chamamento de todos.

O art. 170 da Constituição Federal, ao dispor que a ordem econômica tem por fim assegurar a todos existência digna, também autorizou a eleição das empresas para figurar no pólo passivo da relação jurídico tributária, fato esse observado por *Wagner Balera.*(60)

Por meio de bem arquitetado arranjo, a incidência da nova exação sobre o salário dos trabalhadores atendeu ao princípio da equidade no custeio, como ensina o mesmo autor:

> *Por seu turno, com respeito àqueles que, já vertendo tributo para a seguridade social, não podem ser onerados com maiores encargos sociais — por expressa vedação do princípio da eqüidade no custeio — é reduzida a alíquota incidente sobre o salário-de-contribuição, em pontos percentuais proporcionais ao valor da contribuição devida, até o limite de sua compensação.*(61)

No regime proposto, por meio de contribuição de todos exigível, na medida de suas forças — aferida no momento da realização do fato gerador — excluídos os mais necessitados — por meio do referido regime de compensação — buscou-se fonte adicional de recursos para fazer frente ao mais importante e menos eficiente dos programas da seguridade social, a saúde, nos estritos limites constitucionais. Essa realidade, contudo, foi alterada.

As Emendas Constitucionais n. 21/99, 37/02 e 42/04 sucessivamente prorrogaram a vigência da CPMF, sendo que a última o fez até 31 de dezembro de 2007.(62)

A Emenda Constitucional n. 21/99 aumentou a alíquota para trinta e oito centésimos por cento, destinando o aumento de arrecadação para o custeio da previdência social.

Na redação da Emenda Constitucional n. 37/02, do produto da arrecadação desta contribuição social será destinada a parcela corres-

---

(60) Cf. *Da contribuição sobre movimentação financeira, Revista de Direito Tributário,* n. 69, p. 265.

(61) *Idem*, p. 270.

(62) EC n. 42/03, art. 3º.

pondente à alíquota de vinte centésimos por cento ao Fundo Nacional de Saúde, para financiamento das ações e serviços de saúde, dez centésimos por cento ao custeio da previdência social e oito centésimos por cento ao Fundo de Combate e Erradicação da Pobreza, totalizando a alíquota de 0,38%. Esta destinação foi mantida pela Emenda Constitucional n. 42/04.

A CPMF, portanto, tornou-se exação instituída para custear despesas não só relativas à saúde, mas também à assistência e previdência social. Ocorre que, nos termos do art. 203 da Constituição Federal, a assistência social independe de contribuição. Previdência social, por outro lado, é custeada, em relação a contribuintes pessoas físicas, exclusivamente pelos segurados do regime. Por essas razões, a partir da Emenda Constitucional n. 21/99, reconhecemos a inconstitucionalidade da CPMF. Efetivamente não há em lugar algum da Constituição Federal fundamento de validade para que os "excluídos" do regime previdenciário sejam eleitos contribuintes de contribuição voltada, inclusive, para o financiamento da previdência social!

A Emenda Constitucional n. 03/93 autorizou a União, por outro lado, a instituir, mediante lei complementar, imposto sobre movimentação ou transmissão de valores e de créditos e direitos de natureza financeira. Referida emenda, entretanto, cuidava de imposto, não de contribuição de seguridade social.

5. *Limitações Constitucionais à Instituição de Contribuições de Seguridade Social*

5.1. *Princípios, limitações, imunidades, isenção e não-incidência — Distinções preliminares*

Misabel Derzi ensina que capacidade contributiva, certeza, comodidade e economicidade são os princípios básicos do sistema tributário, formulados por *Von Justi* e difundidos por *Adam Smith*, os quais 'inspiram códigos e constituições por mais de duzentos anos, porque mesclam não só padrões mínimos de ética e de justiça, como de técnica e razoabilidade'.[(1)]

A evolução do pensamento científico propiciou a diferenciação entre princípios tributários, limitações constitucionais ao poder de tributar e imunidades.

Já vimos — item 2.1 — a diferenciação existente entre regras e princípios como espécies distintas de normas jurídicas. Dentre as diferenças apontadas está o método de interpretação subsuntivo ao qual estão submetidas as primeiras em contraste com o método de ponderação, típico dos princípios. Ainda, o elevado grau de abstração dos princípios opõe-se a certeza das regras, visto que estas estão submetidas à lógica do "tudo ou nada". Os princípios, como bem anotou *Rafael Pandolfo* com a acuidade que é peculiar a esse tributarista, "fixam, em geral, um estado de coisas reputado ideal, que deve ser perseguido".[(2)]

Por isso não restam dúvidas de que as regras traduzem uma certeza muito maior do que os princípios, não só porque aquelas são descritivas de conduta e estes são valorativos ou finalísticos, como também porque um princípio tem em comum com uma regra apenas um núcleo essencial, donde revela-se um alcance mínimo, a partir de então aponta para um espaço de indeterminação, "no qual a demarcação de seu conteúdo estará sujeita à concepção ideológica ou filosófica do intérprete".[(3)]

---

(1) Cf. Aliomar Baleeiro, *Limitações constitucionais ao poder de tributar*. Atualização: Misabel Derzi, p. 03.

(2) *Fundamentos do direito processual tributário*, p. 25.

(3) BARROSO, Luis Roberto, *O começo da História: a nova interpretação constitucional e o papel dos princípios no Direito Brasileiro*, p. 341.

Daí o equívoco da doutrina brasileira, muito bem observado por *Marco Aurélio Greco*, no sentido de "inflar" o número de princípios, procurando caracterizar de princípio todas as disposições constitucionais tributárias, pensando que, com isso, estará muito mais protegida contra investidas do Estado, já que, na expressão deste autor, invocar um princípio numa discussão tributária seria como "brandir uma espada contra o Fisco", quando, na realidade, o resultado é exatamente o inverso, visto que a invocação de uma regra traduz-se em segurança e certeza jurídicas, ao passo que a invocação de um princípio revela sempre uma postura prospectiva, ou seja, de cumprimento não obrigatório.[4]

Princípios e regras, portanto, não se confundem.

Em nosso Sistema Constitucional a diferenciação entre princípios gerais e limitações do poder de tributar resulta evidente inclusive porque os mesmos estão distribuídos em seções diversas do Sistema Tributário Nacional, respectivamente Seção I e II do Capítulo I do Título VI.

Diferentemente dos princípios, que têm caráter prospectivo, voltado para o futuro, apontando um caminho a ser seguido, as limitações indicam exatamente o inverso: um caminho proibido, o qual não pode ser trilhado sem ofensa à Constituição.

Veja-se que todos os artigos que compõem a seção das limitações ao poder de tributar contém a expressão 'é vedado', revelando o caráter negativo das limitações.

Marco Aurélio Greco aponta três tipos de limitações:

a) umas estão ligadas ao *plano de produção da norma jurídica*, categoria em que está inserida, por exemplo, a legalidade, de modo que desatendê-la implica vício do processo de produção que contamina o produto (=norma) como um todo;

b) outras, estão ligadas ao *conteúdo da norma*, por inibirem preceitos que atinjam pessoas, coisas, etc., como é o caso das imunidades, de modo que seu efeito poderá ser inibir a lei como um todo ou inibir parcialmente a eficácia daquela lei. De fato, a lei instituidora de um tributo pode ser válida como um todo, mas inaplicável a determinadas pessoas imunes; e

c) outras preocupam-se com os *efeitos da norma*, ao inibirem certas conseqüências que podem resultar dos preceitos, como é o

(4) Cf. *Contribuições: uma figura* sui generis, p. 156-157.

caso da anterioridade, vedação ao confisco, limitação ao tráfego etc., hipóteses que, tratando-se de limitação principalmente ligada ao plano dos fatos, comportam adequação diante do caso concreto: por exemplo, tratando-se de fatos futuros, diferindo a aplicação da lei para o início do exercício financeiro seguinte.[(5)] (grifo nosso)

A classificação acima é relevante, não só por sua utilidade científica, como também porque, mais adiante, desenvolveremos nosso pensamento com fundamento nela.

Será necessária a previsão expressa das limitações no Texto Constitucional, ou, de outra banda, admite-se a forma implícita?

O *caput* do art. 150 da Constituição Federal parece supor a desnecessidade de previsão expressa, visto que aquelas limitações são impostas "sem prejuízo de outras garantias asseguradas ao contribuinte".

Além disso, muitas limitações são desdobramentos de direitos e garantias fundamentais, o que possibilita a existência de limitações além do Título da Tributação e do Orçamento da Constituição Federal.

Nesse particular, observe-se que o Supremo Tribunal Federal no julgamento da ADIn n. 939 decidiu que a limitação constitucional da anterioridade — denominada "princípio" no referido acórdão — é garantia individual do contribuinte. Assim, por força do art. 5º, § 2º, da Constituição Federal, há uma vinculação estreita entre as garantias do contribuinte e os direitos e garantias fundamentais.[(6)]

---

(5) Contribuições: uma figura *sui generis*, p. 168.

(6) STF, ADIn n. 939, DJ 18.03.94. Eis a ementa: Direito Constitucional e Tributário. Ação Direta de Inconstitucionalidade de Emenda Constitucional e de Lei Complementar. I.P.M.F. Imposto Provisório sobre a Movimentação ou a Transmissão de Valores e de Créditos e Direitos de Natureza Financeira — I.P.M.F. Arts. 5º, § 2º, 60, § 4º, incisos I e IV, 150, incisos III, "b", e VI, "a", "b", "c" e "d", da Constituição Federal. 1. Uma Emenda Constitucional, emanada, portanto, de Constituinte derivada, incidindo em violação a Constituição originaria, pode ser declarada inconstitucional, pelo Supremo Tribunal Federal, cuja função precipua e de guarda da Constituição (art. 102, I, "a", da C.F.). 2. A Emenda Constitucional n. 3, de 17.03.1993, que, no art. 2º, autorizou a União a instituir o I.P.M.F., incidiu em vício de inconstitucionalidade, ao dispor, no § 2º. desse dispositivo, que, quanto a tal tributo, não se aplica "o art. 150, III, "b" e VI", da Constituição, porque, desse modo, violou os seguintes princípios e normas imutaveis (somente eles, não outros): 1. — o princípio da anterioridade, que é garantia individual do contribuinte (art. 5º, § 2º, art. 60, § 4º, inciso IV e art. 150, III, "b" da Constituição); 2. — o princípio da imunidade tributaria reciproca (que veda a União, aos Estados, ao Distrito Federal e aos Municípios a instituição de impostos sobre o patrimônio, rendas ou serviços uns dos outros) e que e garantia da Federação (art. 60, § 4º, inciso I, e art. 150, VI, "a", da C.F.); 3. — a norma que, estabelecendo

Misabel Derzi a esse respeito afirma que:

'...a grande massa das imunidades e dos princípios consagrados na Constituição de 1988, dos quais decorrem limitações ao poder de tributar, são meras especializações ou explicações dos direitos e garantias individuais (...), ou de outros grandes princípios estruturais, como a forma federal de Estado (...). São, portanto, imodificáveis por emenda, ou mesmo por revisão, já que fazem parte daquele núcleo de normas irredutível, a que se refere o art. 60, § 4º, da Constituição.'[(7)]

Bem de ver que essa tese não foi acolhida pelo Supremo Tribunal Federal.[(8)]

Ensina *Aliomar Baleeiro* que a imunidade recíproca das pessoas políticas não está expressa em nenhum dispositivo da Constituição dos Estados Unidos, a qual surge como decorrência natural do princípio federativo.[(9)]

Misabel Derzi, no mesmo sentido, afirma que 'do princípio federal resulta a imunidade recíproca, dedutível mesmo na ausência de recepção literal do Texto, porque expressão da autonomia relativa dos entes estatais e de sua posição isonômica, logicamente dedutíveis'.[(10)]

---

outras imunidades impede a criação de impostos (art. 150, III) sobre: "b"): templos de qualquer culto; "c"): patrimônio, renda ou serviços dos partidos politicos, inclusive suas fundações, das entidades sindicais dos trabalhadores, das instituições de educação e de assistencia social, sem fins lucrativos, atendidos os requisitos da lei; e "d"): livros, jornais, periodicos e o papel destinado a sua impressão; 3. Em conseqüência, e inconstitucional, também, a Lei Complementar n. 77, de 13.07.1993, sem redução de textos, nos pontos em que determinou a incidência do tributo no mesmo ano (art. 28) e deixou de reconhecer as imunidades previstas no art. 150, VI, "a", "b", "c" e "d" da C.F. (arts. 3º, 4º e 8º do mesmo diploma, L.C. n. 77/93). 4. Ação Direta de Inconstitucionalidade julgada procedente, em parte, para tais fins, por maioria, nos termos do voto do Relator, mantida, com relação a todos os contribuintes, em caráter definitivo, a medida cautelar, que suspendera a cobrança do tributo no ano de 1993.

(7) *Limitações constitucionais ao poder de tributar*. Atualização: Misabel Derzi, p. 14.

(8) STF, RE 372600, DJ 23.04.04. Eis a ementa: IMUNIDADE. ART. 153, § 2º, II DA CF/88. REVOGAÇÃO PELA EC N. 20/98. POSSIBILIDADE. 1. Mostra-se impertinente a alegação de que a norma art. 153, § 2º, II, da Constituição Federal não poderia ter sido revogada pela EC n. 20/98 por se tratar de cláusula pétrea. 2. Esta norma não consagrava direito ou garantia fundamental, apenas previa a imunidade do imposto sobre a renda a um determinado grupo social. Sua supressão do texto constitucional, portanto, não representou a cassação ou o tolhimento de um direito fundamental e, tampouco, um rompimento da ordem constitucional vigente. 3. Recurso extraordinário conhecido e improvido.

(9) *Limitações constitucionais ao poder de tributar*. Atualização: Misabel Derzi, p. 234.

(10) *Idem*, p. 15.

Concluímos, assim, pela possibilidade de limitações constitucionais implícitas ao poder de tributar.

Por outro lado, as imunidades são concebidas como um tipo de limitação. Muitas imunidades estão contidas no art. 150, VI, da Constituição Federal, mas outras há espalhadas pelo Texto Constitucional, tal qual a imunidade prevista no art. 195, §7º.

O estudo das imunidades comporta uma monografia exclusiva, o que por certo não se compatibiliza com os limites deste trabalho, razão pela qual trataremos do tema dentro dessa perspectiva.

Aécio Pereira Júnior dá uma dimensão do caminho a ser trilhado:

O instituto da imunidade tributária, indiscutivelmente, ainda oferece um enorme campo para se travar novas discussões. Isso acontece por se tratar de um instituto tipicamente brasileiro que não encontra paralelo no direito alienígena, ficando afastada a possibilidade de se socorrer às experiências alheias, já que de pouca valia.(11)

Para *Misabel Derzi* imunidade é 'regra expressa da Constituição (ou implicitamente necessária), que estabelece a não-competência das pessoas políticas da Federação para tributarem certos fatos e situações, de forma amplamente determinada, delimitando negativamente, por meio de redução parcial, a norma de atribuição de poder tributário'.(12)

Hugo de Brito Machado afirma que 'imunidade é o obstáculo decorrente de regra da Constituição à incidência de regra jurídica de tributação. O que é imune não pode ser tributado. A imunidade impede que a lei defina como hipótese de incidência tributária aquilo que é imune. É limitação da competência tributária'.(13)

Paulo de Barros Carvalho, após incluir a imunidade entre as regras de estrutura, define imunidade como sendo 'classe finita e imediatamente determinável de normas jurídicas, contidas no texto da Constituição Federal, e que estabelecem, de modo expresso, a incompetência das pessoas políticas de direito constitucional interno para expedir regras instituidoras de tributos que alcancem situações específicas e suficientemente caracterizadas'.(14)

---

(11) *A imunidade das entidades beneficentes de assistência social*, p. 01.

(12) BALEEIRO, Aliomar, *Limitações constitucionais ao poder de tributar*. Atualização: Misabel Derzi, p. 16.

(13) *Curso de direito tributário*, p. 221

(14) *Curso de direito tributário*, p. 181.

Já vimos que a Constituição Federal atribui competência tributária às pessoas políticas. Pois bem, imunidade é limitação da competência tributária. Desse modo, nas hipóteses de imunidade, a própria Constituição Federal atribui competência tributária já com impedimento constitucional à regra jurídica de tributação. É o sentido negativo da norma de competência. Por isso diz-se que a imunidade estabelece exceção.

Imunidade, isenção e não-incidência não se confundem.

Há tradicional distinção entre imunidade e isenção onde é apontado como traço distintivo entre ambas sua hierarquia: a primeira com sede constitucional e a segunda com sede legal. Não obstante a procedência da afirmação, as diferenças vão muito além.

A imunidade, limitando a competência tributária, impede a instituição do tributo — simplesmente porque inexiste atribuição de competência. Não havendo instituição do tributo, sequer ocorre o fato gerador.

Na isenção, diferentemente, é a própria pessoa política detentora da competência tributária que — por meio de lei ordinária, lei complementar ou decreto legislativo — exclui parte do fato gerador da norma de tributação. Sabemos que o tributo é instituído por meio de lei — ordinária ou complementar — editada pela pessoa política para a qual a Constituição Federal atribuiu competência para tanto. A pessoa política pode, por decisão sua, conceder isenção, ou seja, excluir parte do fato gerador compreendido no âmbito de sua competência tributária, pois quem tem competência para tributar também o tem para isentar.

A concessão de isenção depende de uma decisão política da pessoa competente, mas, como as isenções integram as competências tributárias e estas integram o sistema constitucional tributário, a concessão de isenções está submetida aos princípios gerais e limitações do poder de tributar.

Situação relevante diz respeito à possibilidade de o Poder Judiciário estender isenções a situações isonômicas não contempladas, como corolário do princípio da igualdade.

O Supremo Tribunal Federal, fundamentado na consolidada jurisprudência no sentido de que é vedado ao Judiciário atuar como legislador positivo, tem posição conservadora nessa matéria.(15)

(15) *V. g.* STF, RE n. 178932, DJ 07.04.95. Eis a ementa: RECURSO EXTRAORDINÁRIO — IOF/CÂMBIO — DECRETO-LEI 2.434/88 (ART. 6º) — GUIAS DE IMPORTAÇÃO EXPEDIDAS EM PERÍODO ANTERIOR A 1º DE JULHO DE 1988 — INAPLICABILIDADE DA ISENÇÃO FISCAL — EXCLUSÃO DE BENEFÍCIO — ALEGADA OFENSA

Celso Antônio Bandeira de Mello aponta três questões para o reconhecimento de tratamento desigual que viola o princípio da isonomia:

a) a primeira diz com o elemento tomado como fator de desigualação;

b) a segunda reporta-se à correlação lógica abstrata existente entre o fator erigido em critério de discrímen e a disparidade estabelecida no tratamento jurídico diversificado;

c) a terceira atina à consonância desta correlação lógica com os interesses absorvidos no sistema constitucional e destarte juridicizados.[16]

Pois bem, imaginemos a concessão de isenção tributária por meio da lei 'z', de reconhecida constitucionalidade, beneficiando a situação 'x'. Um contribuinte, relacionado com a situação 'y', análoga à situação 'x', não é colhido pela norma de isenção. Não pode questionar a constitucionalidade da lei 'z', pois essa é constitucional. Ao mesmo tempo, continua titular do direito de igualdade, este com *status* de princípio constitucional. Parece não haver outra solução exceto estender, por decisão judicial, o benefício da lei de isenção ao segundo contribuinte.

AO PRINCÍPIO DA ISONOMIA — INOCORRÊNCIA — NORMA LEGAL DESTITUÍDA DE CONTEÚDO ARBITRÁRIO — ATUAÇÃO DO JUDICIÁRIO COMO LEGISLADOR POSITIVO — INADMISSIBILIDADE — RECONHECIDO E PROVIDO. — A isenção tributária concedida pelo art. 6º do DL 2.434/88, precisamente porque se acha despojada de qualquer coeficiente de arbitrariedade, não se qualifica, tendo presentes as razões de política governamental que lhe são subjacentes, como instrumento de ilegítima outorga de privilégios estatais em favor de determinados estratos de contribuintes. A concessão desse benefício isencional traduz ato discricionário que, fundado em juízo de conveniência e oportunidade do Poder Público, destina-se, a partir de critérios racionais, lógicos e impessoais estabelecidos de modo legítimo em norma legal, a implementar objetivos estatais nitidamente qualificados pela nota da extrafiscalidade. — A exigência constitucional de lei formal para a veiculação de isenções em matéria tributária atua como insuperável obstáculo a postulação do contribuinte, eis que a extensão dos benefícios isencionais, por via jurisdicional, encontra limitação absoluta no dogma da separação de poderes. Os magistrados e Tribunais — que não dispõem de função legislativa — não podem conceder, ainda que sob fundamento de isonomia, o benefício da exclusão do crédito tributário em favor daqueles a quem o legislador, com apoio em critérios impessoais, racionais e objetivos, não quis contemplar com a vantagem da isenção. Entendimento diverso, que reconhecesse aos magistrados essa anômala função jurídica, equivaleria, em última análise, a converter o Poder Judiciário em inadmíssivel legislador positivo, condição institucional esta que lhe recusou a própria Lei Fundamental do Estado. E de acentuar, neste ponto, que, em tema de controle de constitucionalidade de atos estatais, o Poder Judiciário só atua como legislador negativo (RTJ 146/461, rel. Min. CELSO DE MELLO).

(16) *Conteúdo jurídico do princípio da igualdade*, p. 21.

Várias são as razões.

Em primeiro lugar, em decorrência do princípio da máxima efetividade, formulado por *Gomes Canotilho*, segundo o qual a uma norma constitucional deve ser atribuído o sentido que maior eficácia lhe dê.(17)

Em segundo lugar, porque estamos diante de direitos e garantias fundamentais, normas de aplicação imediata — CF, art. 5º, §1º. Nesse sentido, *Friedrich Müller* observa que o Bundesverfassungsgericht desenvolveu um princípio de interpretação denominado 'efetividade dos direitos fundamentais' — semelhante àquele designado por este autor de 'força normativa da Constituição' — inferindo desse princípio que os direitos fundamentais devem ser submetidos a uma interpretação ampla.(18)

Em terceiro lugar, porque entendimento contrário subverte a hierarquia das leis, reconhecendo à lei ordinária aptidão suficiente para afastar a eficácia de norma constitucional, transformando esta em mera norma programática no sentido que a doutrina clássica lhe concebia, de simples exortação moral dirigida ao legislador ordinário.

Por fim, em quarto lugar, nessa hipótese o Judiciário não estará atuando como legislador positivo, mas apenas aplicando a norma constitucional da isonomia. É função precípua sua aplicar a Constituição e as leis. Essa foi a atribuição que o Poder Constituinte lhe deu. Na esteira de suas decisões nesta matéria, a jurisprudência comete o mesmo pecado daquele verificado na breve história do mandado de injunção. Aqui, como lá, não se espera atuação do Judiciário como legislador positivo, mas simplesmente que se dê efetividade às normas constitucionais. *Misabel Derzi* vai além, observando que a vedação do Judiciário de atuar como legislador positivo era suficiente no Estado liberal, mas não no Estado Democrático de Direito atual, onde a exigência de efetividade e concreção faz com que os direitos e garantias fundamentais tenham aplicação imediata, "sem intervenção do Poder Legislativo, e concede poder regulamentador, normatizador-supletivo ao Poder Judiciário (art. 5º, LXXI)".(19)

Roque Carrazza também entende que o Judiciário, em homenagem ao princípio da isonomia, pode "...estender o benefício a contribuintes que

---

(17) Cf. *Direito constitucional*, p. 233.

(18) Cf. MÜLLER, Friedrich, *Métodos de trabalho do direito constitucional*. Trad. Peter Naumann, p. 87.

(19) Cf. BALEEIRO, Aliomar, *Limitações constitucionais ao poder de tributar*. Atual. Misabel Derzi, p. 36.

se encontrem em situação análoga à dos isentos (*v.g.*, aos laringologistas, se a isenção favorece expressamente aos pneumologistas)...'.[(20)]

A lei que revoga isenção está submetida à limitação constitucional da anterioridade. De fato, não só por tal medida igualar-se à criação de tributo, mas principalmente em respeito ao princípio da segurança jurídica, a nova lei está sujeita à anterioridade.

Misabel Derzi, no mesmo sentido, aduz que uma lei que cancela uma isenção sem prazo certo ou outro benefício redutor de imposto está sujeita ao princípio da não-surpresa, com o mesmo efeito jurídico da limitação constitucional da anterioridade, excetuando os impostos políticos — Importação, Exportação, IOF e IPI — e, por força da jurisprudência dominante, sem respaldo constitucional, o ICMS.[(21)]

Roque Carrazza ensina que as isenções podem ser autonômicas ou heterônomas. Em nosso sistema constitucional, as primeiras constituem a regra, significando dizer que só podem ser concedidas pelas pessoas políticas titulares da competência tributária para instituição do tributo. As segundas são exceção, ocorrendo na hipótese de pessoa política sem competência tributária para instituição do tributo isentá-lo. Nossa Constituição expressamente admite esta hipótese nos arts. 155, § 2º, XII, alínea 'e' e 156, § 3º, II.[(22)]

Não-incidência são os fatos não abrangidos pela norma de tributação. Verifica-se em função da norma tributária. É o sentido negativo da norma. Em regra a não incidência é implícita. Quando explícita, ou seja, expressamente apontada pelo legislador, diz-se hipótese de não incidência legal.

Cabe ressaltar que não há hipóteses de isenção com sede constitucional. Em qualquer desses casos estaremos diante de situações de imunidade, mesmo quando o legislador constitucional, por cochilo, enuncia uma situação de isenção.

5.1.1. Princípio da proporcionalidade

O princípio da proporcionalidade está intimamente relacionado com o exercício da tributação e merece tratamento em separado. Confunde-se,

---

(20) *Curso de direito constitucional tributário*, p. 752.

(21) BALEEIRO, Aliomar, *Limitações constitucionais ao poder de tributar*. Atual. Misabel Derzi, p. 417.

(22) *Curso de direito constitucional tributário*, p. 771.

numa acepção ampla, com o princípio da razoabilidade, não obstante as diferenciações que faz *Humberto Ávila*.(23) Sua conformação vem evoluindo através do tempo, encontrando em *Cesare Beccaria* um dos seus mais ilustres expoentes.(24)

Nossa Constituição, diferentemente de outras, como a Constituição Portuguesa de 1976, a qual em seu art. 18, § 2º, prevê que "a lei só pode restringir os direitos, liberdades e garantias nos casos expressamente previstos na Constituição, devendo as restrições limitar-se ao necessário para salvaguardar outros direitos ou interesses constitucionalmente protegidos",(25) não dispôs de forma expressa sobre o princípio da proporcionalidade. Este decorre, como ensina *Luís Roberto Barroso*, de duas concepções: a primeira, inspirada na doutrina alemã, segundo a qual o princípio da razoabilidade é inerente ao Estado de Direito, como princípio constitucional não escrito; a segunda, de influência norte-americana, por força da qual o princípio é desdobramento da cláusula do devido processo legal, visto que esta contém um sentido processual, inicialmente aplicável ao processo penal, civil e administrativo, e um sentido substancial, o qual deu origem a um exercício criativo de jurisdição constitucional, "um impulso de ascensão do Judiciário, provavelmente só comparável ao que se verificara quando da introdução do controle judicial da constitucionalidade das leis, em 1803, com *Marbury* vs. *Madison*".(26)

Prosseguindo na linha de raciocínio do mesmo autor, temos no princípio da razoabilidade um mecanismo de aferição dos atos do Poder Público, inclusive os atos legislativos e não só os atos administrativos, tendo vem vista a realização da justiça. Em primeiro lugar, a razoabilidade é aferida dentro da lei, daí chamar-se razoabilidade interna, traduzindo-se numa relação racional e proporcional entre seus motivos, meios e fins. Em segundo lugar, é preciso haver razoabilidade externa, ou seja, adequação dos meios e fins garantidos pela Constituição. Por fim,

---

(23) Cf. *A distinção entre princípios e regras e a redefinição do dever de proporcionalidade*.

(24) Em 1763, aos vinte e seis anos de idade, Cesare Beccaria publicou seu "Dos Delitos e das Penas", onde insurgiu-se contra os abusos cometidos pelos juízes da época na aplicação das penas e formulou o princípio da proporcionalidade, segundo o qual, "para não ser um ato de violência contra o cidadão, a pena deve ser, de modo essencial, pública, pronta, necessária, a menor das penas aplicáveis nas circunstâncias dadas, proporcionada ao delito e determinada pela lei". p. 107.

(25) A este princípio a doutrina denomina de proibição de excesso.

(26) Cf. *Interpretação e aplicação da Constituição*, p. 219/220 e 237.

em terceiro lugar, por influência do pensamento alemão, há que se verificar a existência de proporcionalidade em sentido estrito, ou seja, "uma verificação da relação custo-benefício da medida, isto é, da ponderação entre os danos causados e os resultados a serem obtidos".(27)

O tema é, ao mesmo tempo, fascinante e consideravelmente subjetivo. Encanta e seduz porque pode traduzir-se na solução de todas as leis "injustas" promulgadas. Não estamos tratando aqui das leis expressamente inconstitucionais, pois em relação a estas o sistema oferece soluções no âmbito do processo de controle de constitucionalidade, seja difuso, seja concentrado. Aqui o problema é outro: leis aparentemente constitucionais, mas desconformes com os superiores valores de justiça.

O assunto não é novo no âmbito do Supremo Tribunal Federal que já decidiu pela inconstitucionalidade de tributo que viola o princípio da proporcionalidade, em julgado onde ficou assentado que "se a taxa judiciária, por excessiva, criar obstáculo capaz de impossibilitar a muitos a obtenção de prestação jurisdicional, é ela inconstitucional".(28)

Recentemente, a Corte entendeu que o princípio da proporcionalidade é desdobramento material da cláusula do devido processo legal, no seguinte julgado:

> Sanções políticas no direito tributário. Inadmissibilidade da utilização, pelo Poder Público, de meios gravosos e indiretos de coerção estatal destinados a compelir o contribuinte inadimplente a pagar o tributo (Súmulas 70, 323 e 547 do STF). Restrições estatais, que, fundadas em exigências que transgridem os postulados da razoabilidade e da proporcionalidade em sentido estrito, culminam por inviabilizar, sem justo fundamento, o exercício, pelo sujeito passivo da obrigação tributária, de atividade econômica ou profissional lícita. Limitações arbitrárias que não podem ser impostas pelo estado ao contribuinte em débito, sob pena de ofensa ao "substantive due process of law". Impossibilidade constitucional de o estado legislar de modo abusivo ou imoderado (RTJ 160/140-141 — RTJ 173/807-808 — RTJ 178/22-24). O poder de tributar — que encontra limitações essenciais no próprio texto constitucional, instituídas em favor do contribuinte — "não pode chegar à desmedida do poder de destruir" (Min. *Orosimbo Nonato*, RDA 34/132). A prerrogativa estatal de tributar traduz poder cujo exercício não pode comprometer a liberdade de trabalho, de comércio e de indústria do contribuinte. A significação tutelar,

(27) Cf. *Idem*, p. 226/229.
(28) STF, Rp n. 1077, DJ 28.09.84.

em nosso sistema jurídico, do "Estatuto Constitucional do Contribuinte". Recurso Extraordinário conhecido e provido.[29]

A solução, é certo, deu-se a partir de um juízo de compatibilidade entre a lei e a Constituição, típica do controle de constitucionalidade, mas é inegável a carga de subjetividade contida na decisão. Daí, necessariamente, vem a pergunta: qual o limite para a aplicação do princípio da proporcionalidade? Uma norma constitucional pode ser declarada inconstitucional por afronta a esse princípio?

A problemática das normas constitucionais inconstitucionais tem recebido alguma atenção da doutrina. Pouco se discute sobre a possibilidade de normas constitucionais derivadas inconstitucionais, pois "uma Emenda Constitucional, emanada, portanto, de Constituinte derivada, incidindo em violação a Constituição originária, pode ser declarada inconstitucional, pelo Supremo Tribunal Federal, cuja função precípua é de guarda da Constituição (art. 102, I, *a*, da C.F.)".[30] A discussão ganha novos contornos ao analisar-se a possibilidade de normas constitucionais originárias inconstitucionais.

Jorge Miranda não admite a possibilidade destas normas, mas tempera sua posição:

> *Não vamos, porém, ao ponto de afastar o poder, e até o dever, do juiz de não aplicar normas constitucionais contrárias a imperativos de Direito natural, violadoras de valores fundamentais, gravemente injustas (assim como não negamos o direito de resistência dos cidadãos). Mas, repetimos, a questão não é então de inconstitucionalidade, mas de injustiça da lei constitucional, e como tal tem de ser assumida. Tudo está então em saber se o juiz — qualquer juiz, e não especificamente o Tribunal Constitucional — goza de autoridade social para isso e se na comunidade é suficientemente clara a consciência daqueles imperativos e valores.*[31]

Gomes Canotilho observa que a possibilidade de normas constitucionais originárias inconstitucionais num estado de legalidade democrática é praticamente nula, o que não tem conduzido a soluções práticas dignas de registro, muito embora reconheça que o problema diga respeito à validade material do direito. Aponta duas espécies de normas constitucionais originárias inconstitucionais, embora não admita nenhuma

---

(29) STF, RE n. 374981, DJ 08.04.05.

(30) Cf STF, ADIn n. 939, DJ 18.03.94.

(31) *Manual de direito constitucional*, p. 322.

delas: a primeira verifica-se com eventuais contradições entre o direito constitucional positivo e os valores, diretrizes, idéias superiores que servem de modelação para o direito positivo, como, *v.g.*, o direito natural; a segunda é decorrente de uma contradição das próprias normas escritas, o que implica reconhecer uma hierarquia entre as normas constitucionais. Este autor também aborda o problema do órgão legitimado para realizar este controle, registrando que o Tribunal Constitucional Alemão "considerou-se competente para medir valorativamente a própria Constituição".[32]

Otto Bachof, por outro lado, aceita a inconstitucionalidade de normas constitucionais originárias em virtude de violação a direito constitucional não escrito, ao argumento de que há princípios cuja modificação não está ao alcance do legislador constituinte originário.[33]

Essa brevíssima incursão no tema das normas constitucionais inconstitucionais serviu para alertar sobre a necessidade de fixação de limites na interpretação do princípio da proporcionalidade, o qual, teoricamente, pode ser invocado para o reconhecimento de normas constitucionais originárias inconstitucionais. A problemática dos limites da interpretação é tema sempre em voga no Direito, o que levou *Lambert* a cunhar a expressão "governo dos juízes", como conseqüência de uma interpretação criativa, sem limites, mais tarde manifestada no pensamento de *Charles Hugges*, para quem "a Constituição é aquilo que os juízes dizem que é". É bom lembrar, como alerta *Luís Roberto Barroso*, que, "num Estado democrático, a definição das políticas públicas deve recair sobre os órgãos que têm o batismo da representação popular, o que não é o caso de juízes e tribunais".[34]

Daí a excelência da teoria de *Montesquieu*, embora não se possa esquecer, como alerta *Fabiano Beserra*, que "essa separação não é rígida, constituindo-se muito mais numa técnica de limitação do poder estatal legada pela tradição política ocidental do que propriamente um critério científico para a distinção das funções estatais".[35]

O princípio da igualdade ganha novos contornos em vista do princípio da proporcionalidade, o qual contribui para a verificação da conformidade da desigualação eleita em função dos valores prestigiados no Texto Constitucional.

---

(32) Cf. *Direito constitucional*, p. 240/241.
(33) Cf. *Normas constitucionais inconstitucionais?*, p. 64/65.
(34) Cf. *Interpretação e aplicação da constituição*, p. 232.
(35) Cf. *Limites constitucionais ao arbítrio judicial*.

Celso Antônio Bandeira de Mello, discorrendo sobre os critérios para identificação do desrespeito à isonomia, afirma:

> *Esclarecendo melhor: tem-se que investigar, de um lado, aquilo que é adotado como critério discriminatório; de outro lado, cumpre verificar se há justificativa racional, isto é, fundamento lógico, para, à vista do traço desigualador acolhido, atribuir o específico tratamento jurídico construído em função da desigualdade proclamada. Finalmente, impende analisar se a correlação ou fundamento racional abstratamente existente é, in concreto, afinado com os valores prestigiados no sistema normativo constitucional.*(36)

Atento ao binômio razoabilidade-igualdade e considerando que legislar implica discriminar situações e pessoas por múltiplos critérios, *Luís Roberto Barroso* afirma que "a razoabilidade é o parâmetro pelo qual se vai aferir se o fundamento da diferenciação é aceitável e se o fim por ela visado é legítimo".(37)

Enfim, o princípio da proporcionalidade, com suas máximas de adequação, necessidade e proibição de excesso, é tema atual do Direito, ainda carente de significado que lhe conforme com os ditames da segurança jurídica e da justiça.

5.2. Relevância das limitações

"O poder de tributar é o poder de destruir". A célebre expressão cunhada pelo Juiz *Marshall*, em 1819, quando do julgamento do caso *McCullock versus Maryland*, bem retrata a relevâncias das limitações constitucionais ao poder de tributar como limites negativos à atuação do Fisco.

A atividade tributária do Estado desenvolve-se pressionada por duas forças que agem na mesma direção, mas em sentidos opostos. A primeira delas — embora não necessariamente nesta ordem — diz respeito à necessidade de financiamento das atividades públicas. Muito embora os impostos representem o tributo apto a financiar as atividades gerais do Estado, é inegável que todos os tributos financiam atividades públicas, inclusive as contribuições de seguridade social. Daí a necessidade cada vez maior de arrecadação para fazer frente às

---

(36) *Conteúdo jurídico do princípio da igualdade*, p. 21/22.
(37) Cf. *Interpretação e aplicação da Constituição*, p. 246.

necessidades cada vez maiores decorrentes das políticas públicas em expansão, o que é típico do Estado Social. A segunda leva em consideração que a carga tributária não pode ser excessiva, a ponto de afetar de forma desproporcional o patrimônio do contribuinte. Embora o limite entre o permitido e o proibido constitua uma zona cinzenta, é passível de controle pelo Poder Judiciário, não só com fundamento nos princípios gerais e limitações constitucionais ao poder de tributar, mas também no princípio da proporcionalidade.

A atividade desmedida do Fisco vem recebendo censura no âmbito do Supremo Tribunal Federal. Como paradigma distante, mas sempre lembrado, há decisão de lavra do Ministro *Orosimbo Nonato*, o qual, relembrando *Bilac Pinto*, afirma que "essa extraordinária prerrogativa estatal traduz, em essência, um poder que somente pode ser exercido dentro dos limites que o tornem compatível com a liberdade de trabalho, de comércio e de indústria e com o direito de propriedade".[38]

Aliomar Baleeiro, com sua visão ímpar de nosso sistema tributário, não deixou o problema político da tributação passar despercebido, tanto que dedicou um capítulo inteiro de sua *Limitações Constitucionais ao Poder de Tributar* a ele — Capítulo XIX. *Misabel Derzi*, em nota, observa:

> *O Estado Democrático de Direito é síntese dialética que supera o individualismo abstrato e a neutralidade do Estado liberal. Na nova formulação jurídica encontrada pela Constituição de 1988, não há de modo algum renúncia às clássicas garantias jurídicas, inerentes ao Estado de Direito. Entretanto, ao mesmo tempo, se buscam metas de maior justiça social, condições efetivas de uma vida digna para todos por meio do desenvolvimento e da conciliação entre liberdade e solidariedade. A Constituição de 1988 supõe um constitucionalismo que trabalha essas exigências jurídicas concretas. O Estado deve por-se a serviço de uma nova ordem social e econômica mais justa, menos desigual, em que seja possível a cada homem desenvolver digna e plenamente sua personalidade. Prejudicadas ficam, dessa forma, as teorias de política econômica ou de política fiscal incompatíveis com o Estado Democrático de Direito.*[39]

---

(38) STF, RE n. 18331, DJ 10.08.53.

(39) BALEEIRO, Aliomar, *Limitações constitucionais ao poder de tributar*. Atual. Misabel Derzi, p. 839/840.

Nesse contexto, as limitações constitucionais ao poder de tributar assumem extraordinária relevância, relacionando-se não só com os direitos e garantias fundamentais do cidadão-contribuinte, mas também com a sobrevivência do próprio Estado Democrático de Direito, de um lado como limite negativo à atuação do Fisco, de outro, como limite positivo, tal como decidido pelo Supremo Tribunal Federal no julgamento da ADIn n. 3105, onde aquela Corte reconheceu a possibilidade de tributação dos proventos dos servidores públicos inativos e pensionistas, a título de contribuição de seguridade social, em função da inexistência de limitação constitucional asseguradora de imunidade absoluta a estes agentes no que diz respeito à incidência da nova contribuição.

5.3. Limitações gerais de competência tributária

As limitações gerais, ou seja, aquelas aplicáveis, em regra, a todo regime jurídico-tributário, estão previstas no art. 150 da Constituição Federal.

A limitação da legalidade tributária está insculpida no art. 150, I, segundo o qual *nenhum tributo será exigido ou aumentado sem lei que o estabeleça*. É a aplicação concreta no campo do Direito Tributário do princípio da legalidade inserto nos Direitos Fundamentais — art. 5º, II, CF/88 —, mas, ao contrário do caráter prospectivo deste, possui elevado grau de certeza, sem margem de ponderação para o intérprete, o que é da natureza dos princípios.

Por muito tempo discutiu-se sobre a possibilidade de medidas provisórias disporem sobre matéria tributária. Noutros termos: a edição de medida provisória neste específico campo do direito estaria conforme o princípio da legalidade tributária?

A Constituição Federal, em sua redação original, era claríssima no sentido de que medida provisória não convertida em lei no período de trinta dias perderia sua eficácia com efeitos *ex tunc*, vale dizer, desde sua edição. Em vista da submissão das medidas provisórias ao critério da relevância e urgência e, por outro lado, da necessidade de observar-se a limitação constitucional da anterioridade em matéria tributária, salta aos olhos a incompatibilidade entre ambos. Como algo será, ao mesmo tempo, urgente e estará submetido à anterioridade? Entretanto, após período tormentoso, firmou-se jurisprudência no Supremo Tribunal Federal, em oposição à grande maioria da doutrina, no sentido da possibilidade da edição desta espécie normativa no campo do Direito Tributário, em patamar de igualdade com a lei ordinária, visto que possui *força de lei* — o argumento é do STF.[40]

Parece-nos que a República regrediu, nesse ponto, a período anterior ao do reinado de *João Sem Terra*. *Kiyoshi Harada*, no mesmo sentido, em comentário à edição da Medida Provisória n. 232/04, entende que estas espécies normativas não se prestam para regular matéria tributária, por afronta ao princípio da separação dos poderes e ao princípio da legalidade tributária, "que tem na Carta Magna de 1215, outorgada por João Sem Terra, o mais expressivo exemplo de que a criação de qualquer tributo ou sua majoração deve ser previamente aprovado pelo Parlamento".[41]

O regime das medidas provisórias foi profundamente alterado com a promulgação da Emenda Constitucional n. 32/01, a qual veio impor limites à pratica disseminada de editar e reeditar medidas provisórias, transformando-as em *medidas permanentes* e causando insegurança no mundo jurídico.

A esse respeito não é dado ao cientista do direito desconhecer as palavras de *Celso Antônio Bandeira de Mello*.

> *Além disto, é evidente — e da mais solar evidência — que medidas provisórias não podem ser reiteradas ante os mesmos fatos e situações. A razão é óbvia. Salta aos olhos e é perceptível por qualquer pessoa que tenha noções rudimentares de direito. A saber: posto que a Constituição as denominou "provisórias" e as colocou, tão logo publicadas, ao inteiro líbito do Congresso; posto que estabeleceu, ainda, um prazo máximo de trinta dias para que suas disposições adquiram caráter permanente, "se convertidas em lei", ou para que percam a eficácia desde o início se lhes faltar este aval parlamentar, resulta cristalinamente claro que a falta dele implica repúdio à medida expedida. Reeditá-la corresponderia, então, a um afronta ao Poder Legislativo e a um manifesto extravasamento da competência do Presidente. É que, dessarte, um ato que foi definido como subalterno à apreciação do Congresso estaria sendo sobreposto ao juízo dos legisladores. Haveria nisto uma patente inversão daquela que a Lei Magna definiu como a ordem natural das coisas e possível incursão em crime de responsabilidade (art. 85 da CF).*

(40) Nesse sentido: ADIn n. 1417, DJ 24.05.96.
(41) A batalha contra a MP n. 232/04.

Aduza-se que se tão petulante e disparatada conduta fosse concebível, o Presidente poderia manter vigorante para sempre medidas provisórias que o Congresso recusasse converter em lei. Bastaria republicá-las a cada trinta dias! Com isto haveria completo desnaturamento não só do instituto, mas das funções próprias do Executivo e do Legislativo, e a tripartição do poder — base de nosso sistema — perderia qualquer significação efetiva. Como não é de crer que intérprete algum assisado possa sufragar tão grotesco disparate, cabe concluir que nenhuma dúvida poderia prosperar sobre a impossibilidade de reedição de medida provisória não convertida em lei.[42]

O Supremo Tribunal Federal, entretanto, considerou constitucional a reedição de medida provisória não convertida em lei no trintídio constitucional, nesses termos:

Não perde a eficácia a medida provisória, com força de lei, não apreciada pelo Congresso Nacional, mas reeditada, por meio de outro provimento da mesma espécie, dentro de seu prazo de validade de trinta dias.[43]

A partir do regime instituído pela Emenda Constitucional n. 32/01, as medidas provisórias perderão eficácia, desde a edição, se não forem convertidas em lei no prazo de sessenta dias, prorrogável uma vez por igual período, por meio de ato do Presidente da Mesa do Congresso Nacional, devendo esta Casa disciplinar, por decreto legislativo, as relações jurídicas dela decorrentes. Acaso não editado este decreto até sessenta dias após a rejeição ou perda de eficácia de medida provisória, as relações jurídicas constituídas e decorrentes de atos praticados durante sua vigência conservar-se-ão por ela regidas. Não raras vezes, é aprovado projeto de lei de conversão alterando o texto original da medida provisória. Nesta hipótese, a medida provisória manter-se-á integralmente em vigor até que seja sancionado ou vetado o projeto, com a finalidade de evitar-se um *vazio normativo*. Medida provisória que implique instituição ou majoração de impostos, exceto os impostos aduaneiros, IPI, IOF e extraordinário de guerra, só produzirá efeitos no exercício financeiro seguinte se houver sido convertida em lei até o último dia daquele em que foi editada.

---

(42) *Curso de direito administrativo brasileiro*, p. 65.
(43) STF, ADin n. 1617, j.15.08.97.

O art. 150, II, desdobramento do princípio geral da igualdade, veda tratamento desigual entre contribuintes que se encontrem em situação equivalente, proibida qualquer distinção em razão de ocupação profissional ou função por eles exercida, independentemente da denominação jurídica dos rendimentos, títulos ou direitos. Assim, não é mais possível, como no regime anterior, isenções a determinadas categorias profissionais como ocorria na tributação do imposto de renda. Bom para a República.

A parte final do art. 149 exclui esta limitação do regime das contribuições, mas esta, como já vimos, é desdobramento do princípio geral da igualdade. Qual o significado da exclusão? É preciso lembrar que os princípios têm um caráter prospectivo, voltado para o futuro, enquanto as limitações indicam um caminho proibido, o qual não pode ser trilhado sem ofensa à Constituição. Daí que o princípio da igualdade, incidente no trato das contribuições, tem elevado grau de abstração, admitindo ponderação, o que permite uma ampla interpretação do princípio da solidariedade contributiva. Incidente, neste caso, a limitação do art. 150, II, certamente o princípio da solidariedade contributiva teria outras cores, incompatíveis com a redistribuição típica de um sistema de seguridade social. Veja-se que, no caso das contribuições de seguridade social, nos termos do art. 195, §§ 9º e 12, as contribuições sociais a cargo do empregador, da empresa e da entidade a ela equiparada na forma da lei, poderão ter alíquotas ou bases de cálculo diferenciadas, em razão da atividade econômica, da utilização intensiva de mão-de-obra, do porte da empresa ou da condição estrutural do mercado de trabalho, bem como a lei poderá definir os setores de atividade econômica para os quais as contribuições incidentes sobre a receita ou faturamento e do importador de bens ou serviços do exterior serão não-cumulativas, o que por certo estaria em colisão com eventual incidência do art. 150, II, às contribuições de seguridade social.

A limitação constitucional da irretroatividade é também manifestação específica no Direito Tributário de princípio geral de direito.[44] Nas palavras de *Roque Carrazza, o passado não pertence ao domínio do legislador*. Significa dizer, no campo do direito tributário, que a lei deve ser anterior ao fato gerador do tributo respectivo. Está definido no art. 150, III, a, de nossa Constituição.

---

(44) A irretroatividade e a igualdade tributária são desdobramentos de princípios, mas têm baixo grau de abstração, não admitindo ponderação e nisso diferenciam-se dos princípios.

A limitação constitucional da anterioridade traduz-se na obrigatoriedade da lei ser publicada no exercício anterior àquele no qual o tributo será cobrado. Está expresso no art. 150, III, *b*.

Hugo de Brito Machado assim leciona sobre o assunto:

Anterioridade é irretroatividade qualificada. Exige lei anterior ao exercício financeiro no qual o tributo é cobrado. Irretroatividade quer dizer que a lei há de ser anterior ao fato gerador do tributo por ela criado, ou majorado.(45)

Verificados incontestáveis abusos, agora vigora a limitação constitucional da anterioridade qualificada para os tributos em geral — à exceção das contribuições de seguridade social — nos termos do art. 150, III, *c*: a lei que instituir ou aumentar tributo não só deve ser publicada no exercício anterior, como também a cobrança do tributo está sujeita à noventena, ou seja, não pode ser realizada antes de decorridos noventa dias da data da publicação da lei.

A limitação constitucional da anterioridade, registra *Roque Carraza*, refere-se à eficácia e não à vigência ou validade das leis tributárias.(46)

Considerando a lógica do Sistema Constitucional Tributário, no regime anterior à Emenda Constitucional n. 42/03, de tornar a limitação constitucional da anterioridade especial mais onerosa para o contribuinte do que a limitação constitucional da anterioridade plena, *Roque Carrazza* já sustentava que, mesmo naquele regime, a limitação constitucional da anterioridade plena significava dizer que a lei tributária só adquiria eficácia decorridos noventa e um dias de sua publicação.(47)

Uma observação é pertinente. Para evitar confusões, lembre-se que a limitação constitucional da anterioridade não se confunde com a limitação constitucional da anualidade.

A última, não mais contemplada entre nós, significava a obrigatoriedade da previsão da cobrança de cada tributo na lei orçamentária aprovada no exercício anterior ao da cobrança. Muito mais exigente, portanto, que a limitação constitucional da anterioridade.

A limitação constitucional do não-confisco está prevista no art. 150, IV, segundo a qual é vedado utilizar tributo com efeito de confisco.

---

(45) *Curso de direito tributário*, p. 36.
(46) *Curso de direito constitucional tributário*, p. 175.
(47) *Idem*, p. 183.

O Supremo Tribunal Federal já teve oportunidade de manifestar-se sobre o confisco nos seguintes termos:

> *...A TRIBUTAÇÃO CONFISCATÓRIA É VEDADA PELA CONSTITUIÇÃO DA REPÚBLICA. — A jurisprudência do Supremo Tribunal Federal entende cabível, em sede de controle normativo abstrato, a possibilidade de a Corte examinar se determinado tributo ofende, ou não, o princípio constitucional da não-confiscatoriedade consagrado no art. 150, IV, da Constituição. Precedente: ADI 1.075-DF, Rel. Min. Celso de Mello (o Relator ficou vencido, no precedente mencionado, por entender que o exame do efeito confiscatório do tributo depende da apreciação individual de cada caso concreto). — A proibição constitucional do confisco em matéria tributária nada mais representa senão a interdição, pela Carta Política, de qualquer pretensão governamental que possa conduzir, no campo da fiscalidade, à injusta apropriação estatal, no todo ou em parte, do patrimônio ou dos rendimentos dos contribuintes, comprometendo-lhes, pela insuportabilidade da carga tributária, o exercício do direito a uma existência digna, ou a prática de atividade profissional lícita ou, ainda, a regular satisfação de suas necessidades vitais (educação, saúde e habitação, por exemplo). A identificação do efeito confiscatório deve ser feita em função da totalidade da carga tributária, mediante verificação da capacidade de que dispõe o contribuinte — considerado o montante de sua riqueza (renda e capital) — para suportar e sofrer a incidência de todos os tributos que ele deverá pagar, dentro de determinado período, à mesma pessoa política que os houver instituído (a União Federal, no caso), condicionando-se, ainda, a aferição do grau de insuportabilidade econômico-financeira, à observância, pelo legislador, de padrões de razoabilidade destinados a neutralizar excessos de ordem fiscal eventualmente praticados pelo Poder Público. Resulta configurado o caráter confiscatório de determinado tributo, sempre que o efeito cumulativo — resultante das múltiplas incidências tributárias estabelecidas pela mesma entidade estatal — afetar, substancialmente, de maneira irrazoável, o patrimônio e/ou os rendimentos do contribuinte. — O Poder Público, especialmente em sede de tributação (as contribuições de seguridade social revestem-se de caráter tributário), não pode agir imoderadamente, pois a atividade estatal acha-se essencialmente condicionada pelo princípio da razoabilidade...*[48]

(48) STF, ADIn n. 2010, DJ 12.04.02.

Efetivamente não há como compreender-se a real dimensão dessa limitação constitucional sem levar em consideração o princípio da proporcionalidade, com suas máximas de adequação, necessidade e proibição de excesso.

Celso Ribeiro Bastos não destoa deste entendimento ao afirmar que:

> *A atividade tributária deve ater-se à captação de apenas uma parte da expressão econômica da operação tributária. Deve cifrar-se ao razoável, no sentido de não ser tão ínfima a ponto de tornar-se insignificante para a arrecadação do Estado, como também não pode exceder um determinado montante, a partir do qual estaria havendo uma apropriação que sacrificaria o próprio direito à propriedade.*[49]

O exame da violação ao não-confisco deve ser realizado tendo em vista a totalidade da carga tributária suportada pelo contribuinte, e não considerando cada tributo individualmente, pois a soma de vários tributos não-confiscatórios pode resultar em uma carga tributária confiscatória. Nesse caso, entendemos que a inconstitucionalidade deve ser reconhecida em relação ao último tributo, ou seja, àquele que por último passou a ser suportado pelo contribuinte.

Marco Aurélio Greco, com fundamento em lições de *Sampaio Dória*, distingue impostos confiscatórios de impostos proibitivos. O confisco como privação de patrimônio revela-se tipicamente nos impostos que atingem a propriedade ou a renda, mas não naqueles incidentes sobre a circulação de bens ou serviços. Decorre daí que o IPI incidente sobre cigarros, com alíquotas superiores a 300% do valor do produto não é confiscatório, justamente porque não está privando alguém de seu patrimônio ou de sua renda.[50]

A limitação constitucional do não-confisco incide no campo dos tributos, ou seja, não impede a instituição de multas com elevadas alíquotas, mesmo que estas atinjam o patrimônio do contribuinte. Isso é assim porque as multas têm justamente função inibitória e, como se sabe, multas não são tributos. O Supremo Tribunal Federal tem julgados em sentido contrário, estendendo a limitação constitucional do não-confisco para as multas.[51]

---

(49) *Curso de direito financeiro e de direito tributário*, p. 134.

(50) Cf. *Contribuições: uma figura sui generis*, p. 220/221.

(51) Entre outros, STF, ADIn n. 551, DJ 14.02.03. Eis a ementa: AÇÃO DIRETA DE INCONSTITUCIONALIDADE. §§ 2º E 3º DO ART. 57 DO ATO DAS DISPOSIÇÕES

Cláudio Renato do Canto Farag leciona de igual modo. Para este autor "as limitações constitucionais ao Poder de Tributar se aplicam às leis e procedimentos que impõem multas fiscais, devendo o legislador e o Fisco atentarem que as multas têm como limite formal os princípios constitucionais tributários".(52)

Para nós, o princípio da proporcionalidade pode ser invocado para impedir a cobrança de multas exorbitantes, desarrazoadas, mas não a limitação constitucional do não-confisco.

Esta limitação constitucional também foi excluída do trato das contribuições pela parte final do art. 149. Referido artigo, já vimos, trata das três espécies de contribuições — sociais, interventivas e corporativas. A exclusão da limitação constitucional do não-confisco, portanto, pode dar-se em relação a uma, duas ou todas.

A garantia do não-confisco é decorrência dos direitos e garantias fundamentais, notadamente daqueles inscritos no art. 5º, XXII, XXIII e XXIV, a saber, garantia do direito de propriedade, com observância da sua função social e justa e prévia indenização em dinheiro por ato de desapropriação por necessidade ou utilidade pública, ou por interesse social, ressalvados os casos previstos na Constituição. As ressalvas estão no art. 184, segundo o qual compete à União desapropriar por interesse social, para fins de reforma agrária, o imóvel rural que não esteja cumprindo sua função social, mediante prévia e justa indenização em títulos da dívida agrária, com cláusula de preservação do valor real, resgatáveis no prazo de até vinte anos, a partir do segundo ano de sua emissão, e cuja utilização será definida em lei e no art. 243, o qual dispõe que as glebas de qualquer região do País onde forem localizadas culturas ilegais de plantas psicotrópicas serão imediatamente expropriadas e especificamente destinadas ao assentamento de colonos, para o cultivo de produtos alimentícios e medicamentosos, sem qualquer indenização ao proprietário e sem prejuízo de outras sanções previstas em

---

CONSTITUCIONAIS TRANSITÓRIAS DA CONSTITUIÇÃO DO ESTADO DO RIO DE JANEIRO. FIXAÇÃO DE VALORES MÍNIMOS PARA MULTAS PELO NÃO-RECOLHIMENTO E SONEGAÇÃO DE TRIBUTOS ESTADUAIS. VIOLAÇÃO AO INCISO IV DO ART. 150 DA CARTA DA REPÚBLICA. A desproporção entre o desrespeito à norma tributária e sua conseqüência jurídica, a multa, evidencia o caráter confiscatório desta, atentando contra o patrimônio do contribuinte, em contrariedade ao mencionado dispositivo do texto constitucional federal. Ação julgada procedente.

(52) *As limitações constitucionais ao poder de tributar e sua aplicabilidade às multas fiscais.*

lei, bem como todo e qualquer bem de valor econômico apreendido em decorrência do tráfico ilícito de entorpecentes e drogas afins será confiscado e reverterá em benefício de instituições e pessoal especializados no tratamento e recuperação de viciados e no aparelhamento e custeio de atividades de fiscalização, controle, prevenção e repressão do crime de tráfico dessas substâncias.

Decorre disso que o confisco continua proibido em matéria de contribuições, mas não por decorrência do art. 150, IV, e sim por desdobramento dos direitos e garantias fundamentais, o que não implica os mesmos efeitos, como já vimos, inclusive pelos diferentes graus de abertura e densidade destas últimas normas jurídicas em comparação com as limitações constitucionais ao poder de tributar.(53)

Resulta daí a possibilidade de efeitos diversos para contribuições diversas. Explica-se. No trato das contribuições de seguridade social, cuja finalidade é o financiamento do sistema de seguridade social, o tributo não pode "conduzir (...) à injusta apropriação estatal, no todo ou em parte, do patrimônio ou dos rendimentos dos contribuintes, comprometendo-lhes, pela insuportabilidade da carga tributária, o exercício do direito a uma existência digna, ou a prática de atividade profissional lícita ou, ainda, a regular satisfação de suas necessidades vitais...", como decidido pelo Supremo Tribunal Federal, em acórdão já referido. O mesmo diga-se das contribuições corporativas, cuja finalidade é financiar a regulação da atuação das categorias profissionais ou econômicas em

---

(53) Para *J. J. Gomes Canotilho* um sistema jurídico é um sistema normativo aberto de regras e princípios, o que significa dizer que é um sistema dinâmico de normas; é aberto porque as normas constitucionais têm "capacidade de aprendizagem" para captarem as mudanças da realidade; é normativo porque feito através de normas; e é um sistema de regras e princípios, pois as normas do sistema tanto podem revelar-se sob a forma de princípios como sob a forma de regras, de diferentes graus de concretização, ou seja, de diferente densidade semântica. As normas constitucionais também têm diferentes graus de abertura, a qual pode ser horizontal, para significar seu caráter incompleto, fragmentário e não codificador de um texto constitucional e vertical, para revelar o caráter geral e indeterminado de muitas normas constitucionais que, por isso mesmo, se "abrem" à mediação legislativa concretizadora. Por isso, prossegue o autor, há certas normas cuja densidade pressupõe um menor espaço de "discricionariedade" do que outras. A norma constitucional que regula a liberdade de imprensa é uma norma mais "densa" do que a norma que estabelece como tarefa do Estado promover o aumento do bem-estar social e econômico e da qualidade de vida do povo. Mesmo considerando que ambas necessitam de mediação legislativa, não há dúvidas de que no primeiro caso a liberdade do legislador é muito menor do que no segundo, o que revela a diversidade de graus de densidade das normas constitucionais. Cf. *Direito constitucional*, p. 171/199.

suas respectivas áreas. As contribuições de intervenção no domínio econômico têm por finalidade prestigiar os valores que fundamentam a ordem econômica. Pois bem, incluso nesses valores está a defesa do meio ambiente — art. 170, VI. É possível que, para assegurar esse específico valor constitucional, a União institua uma contribuição interventiva que tenha efeito confiscatório — note-se bem: utilizar tributo com efeito de confisco tem acepção mais ampla do que tributo confiscatório —, acarretando, por exemplo, a apreensão da totalidade de determinado produto químico. A contribuição terá efeito confiscatório, mas a Constituição, acreditamos, permanecerá incólume, o que não ocorreria na hipótese de aplicação do art. 150, IV, às contribuições. Essa a razão da exclusão contida na parte final do art. 149.

O art. 150, V, veda a imposição de limitações ao tráfego de pessoas ou bens, por meio de tributos interestaduais ou intermunicipais, ressalvada a cobrança de pedágio pela utilização de vias conservadas pelo Poder Público. Sem fugir à regra, esta limitação constitucional é desdobramento do direito fundamental de ir e vir, consubstanciado no art. 5º, XV, segundo o qual é livre a locomoção no território nacional em tempo de paz, podendo qualquer pessoa, nos termos da lei, nele entrar, permanecer ou dele sair com seus bens.

Para *Roque Carrazza*, "juridicamente interpretado, o art. 150, V, da CF revela que o único tributo que pode validamente limitar o tráfego de pessoas ou bens entre Estados ou Municípios é o pedágio, e, mesmo assim, só em havendo 'utilização de vias conservadas pelo Poder Público'."(54)

Esta limitação constitucional também foi excluída pela parte final do art. 149, significando dizer que não é aplicável às contribuições, as quais, entretanto, estão submetidas ao conteúdo do art. 5º, XV. Muito embora as limitações ao tráfego de pessoas ou bens, a princípio, sejam incompatíveis com as contribuições sociais ou corporativas, nada impede que as contribuições interventivas, a fim de prestigiar os valores que fundamentam a ordem econômica, acabem por estabelecer referidas limitações, respeitado o direito constitucional de ir e vir. Daí a razão de sua exclusão.

As imunidades gerais estão previstas no art. 150, VI, da Constituição Federal e dizem respeito exclusivamente a impostos, em que pese

---

(54) Cf. *Curso de direito constitucional tributário*, p. 492.

respeitáveis opiniões em sentido contrário. Com efeito, a letra da lei é clara: *é vedado instituir impostos...*

A primeira é a imunidade recíproca existente entre a União, Estados, Distrito Federal e Municípios no que diz respeito à incidência de impostos sobre o patrimônio, renda ou serviços, uns dos outros, a qual decorre do princípio federativo. É extensiva às autarquias e às fundações instituídas e mantidas pelo Poder Público, no que se refere ao patrimônio, renda e aos serviços, vinculados a suas finalidades essenciais ou às delas decorrentes.

A segunda imunidade veda a instituição de impostos incidentes sobre o patrimônio, renda ou serviços dos templos de qualquer culto, exclusivamente no que se refere com as suas finalidades essenciais.[55]

A terceira imunidade veda a instituição de impostos sobre o patrimônio, renda ou serviços dos partidos políticos, inclusive suas fundações, das entidades sindicais dos trabalhadores, das instituições de educação e de assistência social, sem fins lucrativos, atendidos os requisitos da lei. Assim como a segunda imunidade, diz respeito exclusivamente às atividades essenciais destas instituições. Esta imunidade será regulada por meio de lei ordinária, pois a Constituição utilizou o termo 'lei' e sabidamente exige-se lei complementar somente onde o legislador constituinte expressamente determinou. Voltaremos ao tema quando da análise do art. 195, §7º, da Constituição Federal.

A quarta e última imunidade diz respeito aos livros, jornais, periódicos e o papel destinado à sua impressão.[56] Consciente da falta de acesso à educação que assola nosso País desde os primórdios, o

---

(55) Nesse sentido decidiu o STF: EMENTA: Recurso extraordinário. 2. Imunidade tributária de templos de qualquer culto. Vedação de instituição de impostos sobre o patrimônio, renda e serviços relacionados com as finalidades essenciais das entidades. Art. 150, VI, *b* e § 4º, da Constituição. 3. Instituição religiosa. IPTU sobre imóveis de sua propriedade que se encontram alugados. 4. A imunidade prevista no art. 150, VI, *b*, CF, deve abranger não somente os prédios destinados ao culto, mas, também, o patrimônio, a renda e os serviços "relacionados com as finalidades essenciais das entidades nelas mencionadas". 5. O § 4º do dispositivo constitucional serve de vetor interpretativo das alíneas *b* e *c* do inciso VI do art. 150 da Constituição Federal. Equiparação entre as hipóteses das alíneas referidas. 6. Recurso extraordinário provido. RE n. 325822, DJ 14.05.04.

(56) Sobre a extensão da aludida imunidade, veja-se o seguinte julgado do STF: EMENTA: IMUNIDADE — IMPOSTOS — LIVROS — JORNAIS E PERIÓDICOS — ART. 150, INCISO VI, ALÍNEA *D*, DA CONSTITUIÇÃO FEDERAL. A razão de ser da imunidade prevista no texto constitucional, e nada surge sem uma causa, uma razão suficiente, uma necessidade, está no interesse da sociedade em ver afastados procedimentos, ainda que normatizados, capazes de inibir a produção material e

constituinte tratou de reduzir os custos destes materiais. A norma constitucional, entretanto, não tem se mostrado suficiente para garantir livros a preços acessíveis.

O art. 151, I, veda à União instituir tributo que não seja uniforme em todo o território nacional ou que implique distinção ou preferência em relação a Estado, ao Distrito Federal ou a Município, em detrimento de outro, admitida a concessão de incentivos fiscais destinados a promover o equilíbrio do desenvolvimento sócio-econômico entre as diferentes regiões do País. Essa limitação foi igualmente excluída pela parte final do art. 149. *Marco Aurélio Greco* entende que as contribuições não estão sujeitas à uniformidade nacional, já que sempre levam em consideração um grupo ou área (social, econômico ou profissional). Assim, a unidade nacional não é critério relevante para as contribuições, mas sim a qualificação da finalidade e a existência de determinado grupo, "sendo que a identificação deste grupo pode ocorrer em razão da sua localização geográfica: são os seringueiros da Amazônia, os agricultores do cerrado, os empreendedores turísticos da orla marítima, etc.". Por essa razão, concordamos com esse autor, a uniformidade nacional não é critério relevante para as contribuições.(57)

O art. 151, II e III, institui limitações que não têm relação com o trato das contribuições, a saber, veda à União tributar a renda das obrigações da dívida pública dos Estados, do Distrito Federal e dos Municípios, bem como a remuneração e os proventos dos respectivos agentes públicos, em níveis superiores aos que fixar para suas obrigações e para seus agentes e instituir isenções de tributos da competência dos Estados, do Distrito Federal ou dos Municípios.

Por fim, o art. 152, também estranho ao estudo das contribuições, veda aos Estados, ao Distrito Federal e aos Municípios estabelecer diferença tributária entre bens e serviços, de qualquer natureza, em razão de sua procedência ou destino.

5.4. Limitações especiais de seguridade social

Além das limitações gerais ao poder de tributar, ou seja, daquelas aplicáveis em regra a todo regime jurídico-tributário,(58) há limitações

intelectual de livros, jornais e periódicos. O benefício constitucional alcança não só o papel utilizado diretamente na confecção dos bens referidos, como também insumos nela consumidos com são os filmes e papéis fotográficos. RE n. 174476, DJ 12.12.97.

(57) Cf. *Contribuições: uma figura sui generis*, p. 226/227.

(58) Dissemos em regra porque o próprio art. 150 arrola uma série de exceções, principalmente em seu parágrafo primeiro.

especiais aplicáveis exclusivamente ao regime das contribuições de seguridade social. Iniciamos pelo estudo das imunidades especiais que, segundo Zélia Luiza Pierdoná, são apenas três: "a introduzida pela Emenda Constitucional n. 20/98, prevista na parte final do inciso II do art. 195; a do art. 149, §2º, I, preceituada pela EC n. 33/01; e a do §7º do art. 195, todos da Constituição Federal".(59)

5.4.1. Imunidade sobre aposentadorias e pensões concedidas pelo RGPS

A Emenda Constitucional n. 20/98 alterou a redação do art. 195, II, e determinou que não incidirá contribuição sobre aposentadoria e pensão concedidas pelo regime geral de previdência social. Trata-se, não há dúvidas, de imunidade.

A redação original do dispositivo não continha tal vedação, o que possibilitava ao legislador complementar instituir referido tributo com fundamento na competência residual prevista no art. 195, § 4º, eis que a hipótese de incidência não estava prevista no caput do referido artigo. Sem vedação constitucional, conservavam-se abertas as portas da competência residual. Hoje, com a instituição da imunidade, todas as portas estão fechadas. Mas, cabe perguntar, nova emenda constitucional pode revogar o benefício?

Já afirmamos que as limitações constitucionais, em regra, são desdobramentos de direitos e garantias fundamentais e, bem por isso, integram o 'núcleo duro' da Constituição Federal, verdadeiras cláusulas pétreas, pois 'não será objeto de deliberação a proposta de emenda tendente a abolir os direitos e garantias individuais', nos termos do art. 60, § 4º, IV.

Ocorre que é preciso, em cada caso, analisar em que medida a limitação constitucional consagra um valor prestigiado pela Constituição a ponto de justificar sua imutabilidade através dos tempos. Veja-se que a redação original do art. 153, § 2º, II, consagrava a imunidade, em relação ao imposto de renda, sobre rendimentos provenientes de aposentadoria e pensão, pagos pela Previdência Social da União, dos Estados, do Distrito Federal e dos Municípios, à pessoa com idade superior a 65 anos, cuja renda total fosse constituída, exclusivamente,

(59) *Contribuições para a seguridade social*, p. 97.

de rendimentos do trabalho. Pois bem, o art. 17 da Emenda Constitucional n. 20/98 expressamente revogou essa imunidade. Não nos parece que referida imunidade consagrasse um valor constitucionalmente relevante, a ponto de integrar as cláusulas pétreas, razão pela qual entendemos que o art. 17 da Emenda Constitucional n. 20/98 não incidiu em inconstitucionalidade.[60] A matéria já foi analisada pelo Supremo Tribunal Federal, em julgado que restou assim ementado:

> *IMUNIDADE. ART. 153, § 2º, II DA CF/88. REVOGAÇÃO PELA EC N. 20/98. POSSIBILIDADE. 1. Mostra-se impertinente a alegação de que a norma art. 153, § 2º, II, da Constituição Federal não poderia ter sido revogada pela EC n. 20/98 por se tratar de cláusula pétrea. 2. Esta norma não consagrava direito ou garantia fundamental, apenas previa a imunidade do imposto sobre a renda a um determinado grupo social. Sua supressão do texto constitucional, portanto, não representou a cassação ou o tolhimento de um direito fundamental e, tampouco, um rompimento da ordem constitucional vigente. 3. Recurso extraordinário conhecido e improvido.*[61]

Tratando-se de seguridade social, onde toda a sociedade é chamada para contribuir, em nome do princípio da solidariedade contributiva — o qual, é bom registrar, parafraseando *Geraldo Ataliba*, não é um "abre-te-Sésamo, que derroga os princípios constitucionais, arreda os direitos fundamentais, paralisa o regime tributário e exclui qualquer consideração jurídica"[62] — não é fácil vislumbrar um benefício, tal qual a imunidade referida no art. 195, II, com cores de eternidade.

Recentemente foi aprovada a Emenda Constitucional n. 41/03, a qual instituiu, em seu art. 4º, a contribuição dos servidores inativos e pensionistas da União, dos Estados, do Distrito Federal e dos Municípios.

Na vigência da Emenda Constitucional n. 03/93, a incidência de contribuição previdenciária sobre os proventos dos servidores inativos e pensionistas era legítima, tendo em vista o disposto no art. 40, §§ 4º e 6º da Constituição Federal, já que o regime era contributivo e os aposentados do setor público mantinham vínculo de índole financeira com o ente público respectivo, daí que restava legítima a contribuição, pois "as aposentadorias e pensões serão custeadas com recursos provenientes da

---

(60) Roque Carrazza tem opinião em sentido contrário. Veja-se *Curso de direito constitucional tributário*, p. 712 e seguintes.

(61) STF, RE n. 372600, DJ 23.04.04.

(62) *Hipótese de incidência tributária*, p. 188.

União e dos servidores" e os inativos, nos termos das disposições constitucionais, são servidores.(63)

O contexto constitucional, entretanto, foi profundamente alterado pela Emenda Constitucional n. 20/98, não só pela supressão do § 6º do art. 40, como também porque o regime instituído, de caráter contributivo e base atuarial, elegeu como contribuintes os servidores titulares de cargos efetivos, nos termos do *caput* do mesmo artigo.

Na vigência desse ordenamento constitucional foi publicada a Lei n. 9.783/99, a qual pretendeu instituir contribuição dos servidores inativos e pensionistas. Sua constitucionalidade foi questionada por meio da ADIn n. 2010.

Considerando inclusive que a redação então vigente do art. 40, § 12 determinava que "além do disposto neste artigo, o regime de previdência dos servidores públicos titulares de cargo efetivo observará, no que couber, os requisitos e critérios fixados para o regime geral de previdência social", e levando em consideração a imunidade prevista no art. 195, II, o Supremo Tribunal Federal entendeu pela inconstitucionalidade da contribuição. Nem lei complementar poderia instituir tal exação.(64)

---

(63) Nesse sentido, STF, ADIn n. 1441, DJ 18.10.96; ADIn n. 1430, DJ 13.12.96.

(64) Eis a ementa do julgado: EMENTA: SERVIDORES PÚBLICOS FEDERAIS — CONTRIBUIÇÃO DE SEGURIDADE SOCIAL — LEI N. 9.783/99 — ARGÜIÇÃO DE INCONSTITUCIONALIDADE FORMAL E MATERIAL DESSE DIPLOMA LEGISLATIVO — RELEVÂNCIA JURÍDICA DA TESE PERTINENTE À NÃO-INCIDÊNCIA DA CONTRIBUIÇÃO DE SEGURIDADE SOCIAL SOBRE SERVIDORES INATIVOS E PENSIONISTAS DA UNIÃO FEDERAL (CF, ART. 40, *CAPUT*, E RESPECTIVO § 12, C/C O ART. 195, II, NA REDAÇÃO DADA PELA EC N. 20/98) — ALÍQUOTAS PROGRESSIVAS — ESCALA DE PROGRESSIVIDADE DOS ADICIONAIS TEMPORÁRIOS (ART. 2º DA LEI N. 9.783/99) — ALEGAÇÃO DE OFENSA AO PRINCÍPIO QUE VEDA A TRIBUTAÇÃO CONFISCATÓRIA (CF, ART. 150, IV) E DE DESCARACTERIZAÇÃO DA FUNÇÃO CONSTITUCIONAL INERENTE À CONTRIBUIÇÃO DE SEGURIDADE SOCIAL — PLAUSIBILIDADE JURÍDICA — MEDIDA CAUTELAR DEFERIDA EM PARTE. PRINCÍPIO DA IRREPETIBILIDADE DOS PROJETOS REJEITADOS NA MESMA SESSÃO LEGISLATIVA (CF, ART. 67) — MEDIDA PROVISÓRIA REJEITADA PELO CONGRESSO NACIONAL — POSSIBILIDADE DE APRESENTAÇÃO DE PROJETO DE LEI, PELO PRESIDENTE DA REPÚBLICA, NO INÍCIO DO ANO SEGUINTE ÀQUELE EM QUE SE DEU A REJEIÇÃO PARLAMENTAR DA MEDIDA PROVISÓRIA. — A norma inscrita no art. 67 da Constituição — que consagra o postulado da irrepetibilidade dos projetos rejeitados na mesma sessão legislativa — não impede o Presidente da República de submeter, à apreciação do Congresso Nacional, reunido em convocação extraordinária (CF, art. 57, § 6º, II), projeto de lei versando, total ou parcialmente, a mesma matéria que constituiu objeto de medida provisória rejeitada pelo Parlamento, em sessão legislativa realizada no ano anterior. — O Presidente da República, no entanto, sob pena de ofensa ao

Tendo em vista a alteração do regime previdenciário disposto no art. 40, por meio da Emenda Constitucional n. 41/03, determinando a

---

princípio da separação de poderes e de transgressão à integridade da ordem democrática, não pode valer-se de medida provisória para disciplinar matéria que já tenha sido objeto de projeto de lei anteriormente rejeitado na mesma sessão legislativa (RTJ 166/890, Rel. Min. OCTAVIO GALLOTTI). Também pelas mesmas razões, o Chefe do Poder Executivo da União não pode reeditar medida provisória que veicule matéria constante de outra medida provisória anteriormente rejeitada pelo Congresso Nacional (RTJ 146/707-708, Rel. Min. CELSO DE MELLO). RESERVA CONSTITUCIONAL DE LEI COMPLEMENTAR — INCIDÊNCIA NOS CASOS TAXATIVAMENTE INDICADOS NA CONSTITUIÇÃO — CONTRIBUIÇÃO DE SEGURIDADE SOCIAL DEVIDA POR SERVIDORES PÚBLICOS FEDERAIS EM ATIVIDADE — INSTITUIÇÃO MEDIANTE LEI ORDINÁRIA — POSSIBILIDADE. — Não se presume a necessidade de edição de lei complementar, pois esta é somente exigível nos casos expressamente previstos na Constituição. Doutrina. Precedentes. — O ordenamento constitucional brasileiro — ressalvada a hipótese prevista no art. 195, § 4º, da Constituição — não submeteu, ao domínio normativo da lei complementar, a instituição e a majoração das contribuições sociais a que se refere o art. 195 da Carta Política. — Tratando-se de contribuição incidente sobre servidores públicos federais em atividade — a cujo respeito existe expressa previsão inscrita no art. 40, *caput*, e § 12, c/c o art. 195, II, da Constituição, na redação dada pela EC n. 20/98 — revela-se legítima a disciplinação do tema mediante simples lei ordinária. As contribuições de seguridade social — inclusive aquelas que incidem sobre os servidores públicos federais em atividade —, embora sujeitas, como qualquer tributo, às normas gerais estabelecidas na lei complementar a que se refere o art. 146, III, da Constituição, não dependem, para o específico efeito de sua instituição, da edição de nova lei complementar, eis que, precisamente por não se qualificarem como impostos, torna-se inexigível, quanto a elas, a utilização dessa espécie normativa para os fins a que alude o art. 146, III, a, segunda parte, da Carta Política, vale dizer, para a definição dos respectivos fatos geradores, bases de cálculo e contribuintes. Precedente: RTJ 143/313-314. A CONSTITUIÇÃO DA REPÚBLICA NÃO ADMITE A INSTITUIÇÃO DA CONTRIBUIÇÃO DE SEGURIDADE SOCIAL SOBRE INATIVOS E PENSIONISTAS DA UNIÃO. — A Lei n. 9.783/99, ao dispor sobre a contribuição de seguridade social relativamente a pensionistas e a servidores inativos da União, regulou, indevidamente, matéria não autorizada pelo texto da Carta Política, eis que, não obstante as substanciais modificações introduzidas pela EC n. 20/98 no regime de previdência dos servidores públicos, o Congresso Nacional absteve-se, conscientemente, no contexto da reforma do modelo previdenciário, de fixar a necessária matriz constitucional, cuja instituição se revelava indispensável para legitimar, em bases válidas, a criação e a incidência dessa exação tributária sobre o valor das aposentadorias e das pensões. O regime de previdência de caráter contributivo, a que se refere o art. 40, *caput*, da Constituição, na redação dada pela EC n. 20/98, foi instituído, unicamente, em relação "Aos servidores titulares de cargos efetivos...", inexistindo, desse modo, qualquer possibilidade jurídico-constitucional de se atribuir, a inativos e a pensionistas da União, a condição de contribuintes da exação prevista na Lei n. 9.783/99. Interpretação do art. 40, §§ 8º e 12, c/c o art. 195, II, da Constituição, todos com a redação que lhes deu a EC n. 20/98. DEBATES PARLAMENTARES E INTERPRETAÇÃO DA CONSTITUIÇÃO. — O argumento histórico, no processo de interpretação constitucional, não se reveste de

tributação dos servidores inativos e pensionistas, apenas eventual limitação constitucional ao poder de tributar teria o condão de impedir a

---

caráter absoluto. Qualifica-se, no entanto, como expressivo elemento de útil indagação das circunstâncias que motivaram a elaboração de determinada norma inscrita na Constituição, permitindo o conhecimento das razões que levaram o constituinte a acolher ou a rejeitar as propostas que lhe foram submetidas. Doutrina. — O registro histórico dos debates parlamentares, em torno da proposta que resultou na Emenda Constitucional n. 20/98 (PEC n. 33/95), revela-se extremamente importante na constatação de que a única base constitucional — que poderia viabilizar a cobrança, relativamente aos inativos e aos pensionistas da União, da contribuição de seguridade social — foi conscientemente excluída do texto, por iniciativa dos próprios Líderes dos Partidos Políticos que dão sustentação parlamentar ao Governo, na Câmara dos Deputados (Comunicado Parlamentar publicado no Diário da Câmara dos Deputados, p. 04110, edição de 12.2.98). O destaque supressivo, patrocinado por esses Líderes partidários, excluiu, do Substitutivo aprovado pelo Senado Federal (PEC n. 33/95), a cláusula destinada a introduzir, no texto da Constituição, a necessária previsão de cobrança, aos pensionistas e aos servidores inativos, da contribuição de seguridade social. O REGIME CONTRIBUTIVO É, POR ESSÊNCIA, UM REGIME DE CARÁTER EMINENTEMENTE RETRIBUTIVO. A QUESTÃO DO EQUILÍBRIO ATUARIAL (CF, ART. 195, § 5º). CONTRIBUIÇÃO DE SEGURIDADE SOCIAL SOBRE PENSÕES E PROVENTOS: AUSÊNCIA DE CAUSA SUFICIENTE — Sem causa suficiente, não se justifica a instituição (ou a majoração) da contribuição de seguridade social, pois, no regime de previdência de caráter contributivo, deve haver, necessariamente, correlação entre custo e benefício. A existência de estrita vinculação causal entre contribuição e benefício põe em evidência a correção da fórmula segundo a qual não pode haver contribuição sem benefício, nem benefício sem contribuição. Doutrina. Precedente do STF. A CONTRIBUIÇÃO DE SEGURIDADE SOCIAL DOS SERVIDORES PÚBLICOS EM ATIVIDADE CONSTITUI MODALIDADE DE TRIBUTO VINCULADO. — A contribuição de seguridade social, devida por servidores públicos em atividade, configura modalidade de contribuição social, qualificando-se como espécie tributária de caráter vinculado, constitucionalmente destinada ao custeio e ao financiamento do regime de previdência dos servidores públicos titulares de cargo efetivo. Precedentes. A GARANTIA DA IRREDUTIBILIDADE DA REMUNERAÇÃO NÃO É OPONÍVEL À INSTITUIÇÃO/MAJORAÇÃO DA CONTRIBUIÇÃO DE SEGURIDADE SOCIAL RELATIVAMENTE AOS SERVIDORES EM ATIVIDADE. — A contribuição de seguridade social, como qualquer outro tributo, é passível de majoração, desde que o aumento dessa exação tributária observe padrões de razoabilidade e seja estabelecido em bases moderadas. Não assiste ao contribuinte o direito de opor, ao Poder Público, pretensão que vise a obstar o aumento dos tributos — a cujo conceito se subsumem as contribuições de seguridade social (RTJ 143/684 — RTJ 149/654) —, desde que respeitadas, pelo Estado, as diretrizes constitucionais que regem, formal e materialmente, o exercício da competência impositiva. Assiste, ao contribuinte, quando transgredidas as limitações constitucionais ao poder de tributar, o direito de contestar, judicialmente, a tributação que tenha sentido discriminatório ou que revele caráter confiscatório. A garantia constitucional da irredutibilidade da remuneração devida aos servidores públicos em atividade não se reveste de caráter absoluto. Expõe-se, por isso mesmo, às derrogações instituídas pela própria Constituição da República, que prevê, relativamente ao subsídio e aos vencimentos dos ocupantes

tributação, levando em consideração que a contribuição previdenciária é tributo; entretanto, não há qualquer vedação nesse sentido no Sistema

---

de cargos e empregos públicos — (CF, art. 37, XV), a incidência de tributos, legitimando-se, desse modo, quanto aos servidores públicos ativos, a exigibilidade da contribuição de seguridade social, mesmo porque, em tema de tributação, há que se ter presente o que dispõe o art. 150, II, da Carta Política. Precedentes: RTJ 83/74 — RTJ 109/244 — RTJ 147/921, 925. CONTRIBUIÇÃO DE SEGURIDADE SOCIAL — SERVIDORES EM ATIVIDADE — ESTRUTURA PROGRESSIVA DAS ALÍQUOTAS: A PROGRESSIVIDADE EM MATÉRIA TRIBUTÁRIA SUPÕE EXPRESSA AUTORIZAÇÃO CONSTITUCIONAL. RELEVO JURÍDICO DA TESE. — Relevo jurídico da tese segundo a qual o legislador comum, fora das hipóteses taxativamente indicadas no texto da Carta Política, não pode valer-se da progressividade na definição das alíquotas pertinentes à contribuição de seguridade social devida por servidores públicos em atividade. Tratando-se de matéria sujeita a estrita previsão constitucional — CF, art. 153, § 2º, I; art. 153, § 4º; art. 156, § 1º; art. 182, § 4º, II; art. 195, § 9º (contribuição social devida pelo empregador) — inexiste espaço de liberdade decisória para o Congresso Nacional, em tema de progressividade tributária, instituir alíquotas progressivas em situações não autorizadas pelo texto da Constituição. Inaplicabilidade, aos servidores estatais, da norma inscrita no art. 195, § 9º, da Constituição, introduzida pela EC n. 20/98. A inovação do quadro normativo resultante da promulgação da EC n. 20/98 — que introduziu, na Carta Política, a regra consubstanciada no art. 195, § 9º (contribuição patronal) — parece tornar insuscetível de invocação o precedente firmado na ADI n. 790-DF (RTJ 147/921). A TRIBUTAÇÃO CONFISCATÓRIA É VEDADA PELA CONSTITUIÇÃO DA REPÚBLICA. — A jurisprudência do Supremo Tribunal Federal entende cabível, em sede de controle normativo abstrato, a possibilidade de a Corte examinar se determinado tributo ofende, ou não, o princípio constitucional da não-confiscatoriedade consagrado no art. 150, IV, da Constituição. Precedente: ADI 1.075-DF, Rel. Min. CELSO DE MELLO (o Relator ficou vencido, no precedente mencionado, por entender que o exame do efeito confiscatório do tributo depende da apreciação individual de cada caso concreto). — A proibição constitucional do confisco em matéria tributária nada mais representa senão a interdição, pela Carta Política, de qualquer pretensão governamental que possa conduzir, no campo da fiscalidade, à injusta apropriação estatal, no todo ou em parte, do patrimônio ou dos rendimentos dos contribuintes, comprometendo-lhes, pela insuportabilidade da carga tributária, o exercício do direito a uma existência digna, ou a prática de atividade profissional lícita ou, ainda, a regular satisfação de suas necessidades vitais (educação, saúde e habitação, por exemplo). A identificação do efeito confiscatório deve ser feita em função da totalidade da carga tributária, mediante verificação da capacidade de que dispõe o contribuinte — considerado o montante de sua riqueza (renda e capital) — para suportar e sofrer a incidência de todos os tributos que ele deverá pagar, dentro de determinado período, à mesma pessoa política que os houver instituído (a União Federal, no caso), condicionando-se, ainda, a aferição do grau de insuportabilidade econômico-financeira, à observância, pelo legislador, de padrões de razoabilidade destinados a neutralizar excessos de ordem fiscal eventualmente praticados pelo Poder Público. Resulta configurado o caráter confiscatório de determinado tributo, sempre que o efeito cumulativo — resultante das múltiplas incidências tributárias estabelecidas pela mesma entidade estatal — afetar, substancialmente, de maneira irrazoável, o patrimônio e/ou os rendimentos do contribuinte. — O Poder

Tributário Nacional. Dessa forma, mostra-se legítima a nova tributação. O próprio Supremo Tribunal Federal, ao julgar a ADIn n. 1441, assentou

---

Público, especialmente em sede de tributação (as contribuições de seguridade social revestem-se de caráter tributário), não pode agir imoderadamente, pois a atividade estatal acha-se essencialmente condicionada pelo princípio da razoabilidade. A CONTRIBUIÇÃO DE SEGURIDADE SOCIAL POSSUI DESTINAÇÃO CONSTITUCIONAL ESPECÍFICA. — A contribuição de seguridade social não só se qualifica como modalidade autônoma de tributo (RTJ 143/684), como também representa espécie tributária essencialmente vinculada ao financiamento da seguridade social, em função de específica destinação constitucional. A vigência temporária das alíquotas progressivas (art. 2º da Lei n. 9.783/99), além de não implicar concessão adicional de outras vantagens, benefícios ou serviços — rompendo, em conseqüência, a necessária vinculação causal que deve existir entre contribuições e benefícios (RTJ 147/921) — constitui expressiva evidência de que se buscou, unicamente, com a arrecadação desse plus, o aumento da receita da União, em ordem a viabilizar o pagamento de encargos (despesas de pessoal) cuja satisfação deve resultar, ordinariamente, da arrecadação de impostos. RAZÕES DE ESTADO NÃO PODEM SER INVOCADAS PARA LEGITIMAR O DESRESPEITO À SUPREMACIA DA CONSTITUIÇÃO DA REPÚBLICA. — A invocação das razões de Estado — além de deslegitimar-se como fundamento idôneo de justificação de medidas legislativas — representa, por efeito das gravíssimas conseqüências provocadas por seu eventual acolhimento, uma ameaça inadmissível às liberdades públicas, à supremacia da ordem constitucional e aos valores democráticos que a informam, culminando por introduzir, no sistema de direito positivo, um preocupante fator de ruptura e de desestabilização político-jurídica. Nada compensa a ruptura da ordem constitucional. Nada recompõe os gravíssimos efeitos que derivam do gesto de infidelidade ao texto da Lei Fundamental. A defesa da Constituição não se expõe, nem deve submeter-se, a qualquer juízo de oportunidade ou de conveniência, muito menos a avaliações discricionárias fundadas em razões de pragmatismo governamental. A relação do Poder e de seus agentes, com a Constituição, há de ser, necessariamente, uma relação de respeito. Se, em determinado momento histórico, circunstâncias de fato ou de direito reclamarem a alteração da Constituição, em ordem a conferir-lhe um sentido de maior contemporaneidade, para ajustá-la, desse modo, às novas exigências ditadas por necessidades políticas, sociais ou econômicas, impor-se-á a prévia modificação do texto da Lei Fundamental, com estrita observância das limitações e do processo de reforma estabelecidos na própria Carta Política. A DEFESA DA CONSTITUIÇÃO DA REPÚBLICA REPRESENTA O ENCARGO MAIS RELEVANTE DO SUPREMO TRIBUNAL FEDERAL. — O Supremo Tribunal Federal — que é o guardião da Constituição, por expressa delegação do Poder Constituinte — não pode renunciar ao exercício desse encargo, pois, se a Suprema Corte falhar no desempenho da gravíssima atribuição que lhe foi outorgada, a integridade do sistema político, a proteção das liberdades públicas, a estabilidade do ordenamento normativo do Estado, a segurança das relações jurídicas e a legitimidade das instituições da República restarão profundamente comprometidas. O inaceitável desprezo pela Constituição não pode converter-se em prática governamental consentida. Ao menos, enquanto houver um Poder Judiciário independente e consciente de sua alta responsabilidade política, social e jurídico-institucional. DJ 12.04.02.

que "o provento, assim como os vencimentos do servidor, não se acha imune à incidência dos tributos e das contribuições dotadas desse caráter". Por isso, o Tribunal considerou constitucional a nova contribuição.[65]

---

(65) STF, ADIn n. 3105, DJ 18.02.05. Ementa: 1. Inconstitucionalidade. Seguridade social. Servidor público. Vencimentos. Proventos de aposentadoria e pensões. Sujeição à incidência de contribuição previdenciária. Ofensa a direito adquirido no ato de aposentadoria. Não ocorrência. Contribuição social. Exigência patrimonial de natureza tributária. Inexistência de norma de imunidade tributária absoluta. Emenda Constitucional n. 41/2003 (art. 4º, *caput*). Regra não retroativa. Incidência sobre fatos geradores ocorridos depois do início de sua vigência. Precedentes da Corte. Inteligência dos arts. 5º, XXXVI, 146, III, 149, 150, I e III, 194, 195, *caput*, II e § 6º, da CF, e art. 4º, *caput*, da EC n. 41/2003. No ordenamento jurídico vigente, não há norma, expressa nem sistemática, que atribua à condição jurídico-subjetiva da aposentadoria de servidor público o efeito de lhe gerar direito subjetivo como poder de subtrair *ad aeternum* a percepção dos respectivos proventos e pensões à incidência de lei tributária que, anterior ou ulterior, os submeta à incidência de contribuição previdenciária. Noutras palavras, não há, em nosso ordenamento, nenhuma norma jurídica válida que, como efeito específico do fato jurídico da aposentadoria, lhe imunize os proventos e as pensões, de modo absoluto, à tributação de ordem constitucional, qualquer que seja a modalidade do tributo eleito, donde não haver, a respeito, direito adquirido com o aposentamento. 2. Inconstitucionalidade. Ação direta. Seguridade social. Servidor público. Vencimentos. Proventos de aposentadoria e pensões. Sujeição à incidência de contribuição previdenciária, por força de Emenda Constitucional. Ofensa a outros direitos e garantias individuais. Não ocorrência. Contribuição social. Exigência patrimonial de natureza tributária. Inexistência de norma de imunidade tributária absoluta. Regra não retroativa. Instrumento de atuação do Estado na área da previdência social. Obediência aos princípios da solidariedade e do equilíbrio financeiro e atuarial, bem como aos objetivos constitucionais de universalidade, eqüidade na forma de participação no custeio e diversidade da base de financiamento. Ação julgada improcedente em relação ao art. 4º, *caput*, da EC n. 41/2003. Votos vencidos. Aplicação dos arts. 149, *caput*, 150, I e III, 194, 195, *caput*, II e § 6º, e 201, *caput*, da CF. Não é inconstitucional o art. 4º, *caput*, da Emenda Constitucional n. 41, de 19 de dezembro de 2003, que instituiu contribuição previdenciária sobre os proventos de aposentadoria e as pensões dos servidores públicos da União, dos Estados, do Distrito Federal e dos Municípios, incluídas suas autarquias e fundações. 3. Inconstitucionalidade. Ação direta. Emenda Constitucional (EC n. 41/2003, art. 4º, parágrafo único, I e II). Servidor público. Vencimentos. Proventos de aposentadoria e pensões. Sujeição à incidência de contribuição previdenciária. Bases de cálculo diferenciadas. Arbitrariedade. Tratamento discriminatório entre servidores e pensionistas da União, de um lado, e servidores e pensionistas dos Estados, do Distrito Federal e dos Municípios, de outro. Ofensa ao princípio constitucional da isonomia tributária, que é particularização do princípio fundamental da igualdade. Ação julgada procedente para declarar inconstitucionais as expressões "cinquenta por cento do" e "sessenta por cento do", constante do art. 4º, parágrafo único, I e II, da EC n. 41/2003. Aplicação dos arts. 145, § 1º, e 150, II, cc. art. 5º, *caput* e § 1º, e 60, § 4º, IV, da CF, com restabelecimento do caráter geral da regra do art. 40, § 18. São inconstitucionais as expressões "cinqüenta por cento do" e "sessenta por cento do", constantes do parágrafo único, incisos I e II, do art. 4º da Emenda Constitucional n. 41, de 19 de dezembro de 2003, e tal pronúncia restabelece o caráter geral da regra do art. 40, § 18, da Constituição da República, com a redação dada por essa mesma Emenda.

Portanto, se emenda constitucional possibilitou a incidência de contribuição previdenciária sobre aposentadorias e pensões pagas pelos diversos regimes próprios, pelas mesmas razões a imunidade relativa a aposentadorias e pensões concedidas pelo Regime Geral de Previdência Social está sujeita à revogação.

5.4.2. Imunidade sobre receitas decorrentes de exportação

Nos termos do art. 149, §2º, da Constituição Federal, com a redação dada pela Emenda Constitucional n. 33/01, as contribuições sociais não incidirão sobre as receitas decorrentes de exportação.

Mencionada imunidade tem o objetivo de evitar a exportação de tributos e, em função disso, diminuir a competitividade do País no exterior.

Assim como na imunidade anterior, não vislumbramos nesta um valor constitucionalmente prestigiado a ponto de justificar a impossibilidade de sua revogação por emenda constitucional.

5.4.3. Imunidades das entidades beneficentes de assistência social

Nos termos do art. 195, § 7º, da Constituição Federal, "são *isentas* de contribuição para a seguridade social as entidades beneficentes de assistência social que atendam às exigências estabelecidas em lei".

Não obstante o termo "isentas", sabemos que estamos diante de uma imunidade.

A imunidade prevista no art. 150, VI, *c*, relativa a impostos, é extensiva a instituições de assistência social sem fins lucrativos. Serão aquelas equivalentes às entidades beneficentes de assistência social?

José Guilherme Ferraz da Costa entende que os conceitos de entidade beneficente de assistência social e instituição de assistência social sem fins lucrativos são equivalentes, pois ambos encerram as características de gratuidade, generalidade e fim público de suprir mínimos sociais aos necessitados.(66) Prossegue esse autor, referindo julgado do Supremo Tribunal Federal que, com fundamento nas lições de *Leopoldo*

---

(66) *Incentivos fiscais na seguridade social*, p. 91.

Braga, define essas três características como aquelas que devem ser preenchidas pelas instituições para os efeitos da imunidade tributária.(67)

Deve ser considerado, também, para a perfeita compreensão do termo, o enunciado no art. 203 da Constituição Federal, pois não obstante o comando dessa norma constitucional ser dirigido principalmente para o Poder Público, define limites para a atuação da iniciativa privada.

Dessa forma, não nos parece haver diferenças entre entidade beneficente de assistência social e instituição de assistência social sem fins lucrativos, o que leva à conclusão de que tais entidades têm na imunidade aqui em estudo um *plus* em relação às demais instituições arroladas no art. 150, VI, *c*, da Constituição Federal. Vamos buscar o fundamento dessa diferenciação.(68)

Como já vimos, seguridade social envolve ações nas áreas de saúde, previdência e assistência social e, nos termos do art. 165, § 5º, da Constituição Federal, seu orçamento é destacado dos demais, constituindo, na verdade, orçamento próprio.

As entidades beneficentes de assistência social devem realizar atividades compreendidas no leque de atribuições do Poder Público, o que justifica a imunidade em questão, pois tais atividades, num primeiro momento, deveriam ser prestadas pelo Estado. Ocorre, todavia, que frente aos escassos recursos públicos somados aos problemas de administração, tais serviços não são prestados com a eficiência esperada.

E de qual orçamento o Estado retiraria recursos para realizar essas atividades? Do orçamento da seguridade social, visto que a

---

(67) STF, RE n. 202700, DJ 01.03.02. Trecho do voto do Min. Celso de Mello: "E, sob tal perspectiva, cumpre considerar características essenciais de uma instituição, tais como definidas por LEOPOLDO BRAGA ("Do Conceito Jurídico de Instituições de Educação e de Assistência Social", p. 128/148, 2ª ed. 1971, Rio de Janeiro), que delas destaca, como expressões relevantes, finalidade de ordem pública, a gratuidade ou ausência de intuito lucrativo e a generalidade na prestação de serviços ou na distribuição de utilidades e benefícios, sempre enfatizando, a propósito da configuração das instituições de assistência social que estas — precisamente porque voltadas à coletividade — devem possuir caráter absolutamente desinteressado, impessoal e neutro."

(68) É importante observar, também, a seguinte distinção que José Guilherme Ferraz da Costa faz, com fundamento nas lições de Celso Barroso Leite: "Destaca a distinção entre os conceitos de "filantropia" e de "assistência social", pois, segundo ele, toda entidade de assistência social é filantrópica, mas nem toda entidade filantrópica é de assistência social, isto porque as ditas filantrópicas podem prestar serviços úteis e com freqüência valiosos, mas nem sempre essenciais, enquanto a assistência social tem por objetivo atender a necessidades vitais das pessoas carentes, ou seja, os mínimos sociais'. Cf. *Incentivos fiscais na seguridade social*, p. 99.

assistência social está absorvida pelo conjunto de ações daquela. Então, temos que a imunidade em questão subtrai recursos do orçamento da seguridade social, pois para este seriam destinadas as contribuições excluídas pela imunidade. Sendo assim, as entidades educacionais não podem ser beneficiadas pela imunidade, não só porque suas atividades não estão contempladas, nem de longe, no citado art. 203, como também porque a educação pública é custeada pelos impostos em geral e pela contribuição do salário-educação, não pelas contribuições de seguridade social. Assim, inconcebível retirar-se, indiretamente, recursos do orçamento da seguridade social para custear atividades educacionais. Por mais relevante que seja a atividade educacional — e efetivamente o é — a Constituição determina que a mesma seja custeada com recursos estranhos ao orçamento da seguridade social.

Outro argumento relevante sustenta essa posição: o art. 150, VI, c, concede imunidade ao 'patrimônio, renda ou serviços dos partidos políticos, inclusive suas fundações, das entidades sindicais dos trabalhadores, das instituições de educação e de assistência social, sem fins lucrativos, atendidos os requisitos da lei.' Veja-se que a própria Constituição Federal distingue instituições de educação e instituições de assistência social. Noutros termos: ao tratar da imunidade de impostos, a Constituição Federal incluiu, expressamente, as instituições de educação; ao tratar da imunidade de contribuições de seguridade social, pelo contrário, fez referência apenas às entidades beneficentes de assistência social. É óbvio que não quis incluir as educacionais.

O legislador ordinário, entretanto, a pretexto de regulamentar a imunidade em questão, incluiu as entidades educacionais e de saúde como destinatárias do benefício em estudo, mas sob o rótulo de isenção — Lei n. 8.212/91, art. 55, III —, o que tem levado alguns ao raciocínio no sentido de que se a imunidade não contempla as entidades educacionais, a lei ordinária concedeu verdadeira isenção. Não é bem assim. Em relação às entidades de saúde, o legislador ordinário poderia conceder isenção, pelas mesmas razões da imunidade: subtração de recursos do orçamento da seguridade social para entidades privadas prestarem serviços que, afinal, são de responsabilidade da seguridade social. Mas esse raciocínio, já dissemos, não vale para as entidades educacionais.

Zélia Luiza Pierdoná captou bem essa redução indevida de recursos do orçamento da seguridade social em função da isenção concedida às entidades educacionais:

Caso se estenda a imunidade a elas, tais entidades deixarão de contribuir para a seguridade social, comprometendo a concessão de benefícios e serviços das áreas da seguridade.

Além de não estarem incluídas na norma de imunidade relativa às contribuições para a seguridade social, as entidades educacionais também não podem ser beneficiadas com enunciados, previstos na legislação infraconstitucional, relativos à isenção, visto que o art. 195, caput, *da Lei Maior estabelece que toda a sociedade financiará a seguridade social. (...) Somente poderão ser excluídos (...) os três casos de imunidade.*[69]

Nessa linha de raciocínio, a isenção concedida às entidades educacionais é inconstitucional, por violar o princípio da solidariedade contributiva.

Questão de grande relevância diz respeito à parte final do art. 195, §7º, onde há determinação no sentido de que referidas instituições atendam às exigências estabelecidas em lei para o gozo da imunidade. Qual lei?

A imunidade é limitação constitucional ao poder de tributar. Como afirma *Misabel Derzi*, "a imunidade é, portanto, regra de exceção, somente inteligível se conjugada à outra, que concede o poder tributário, limitando-lhe a extensão, de forma lógica e não sucessiva no tempo".[70]

Nos termos do art. 146, II, da Constituição Federal, cabe à lei complementar regular as limitações constitucionais ao poder de tributar. Nessa linha de raciocínio, a imunidade em questão deve ser regulada por lei complementar.

Por muito tempo pensamos assim. Hoje pensamos diferente.

É inegável a forte corrente doutrinária e jurisprudencial no sentido de que somente exige-se lei complementar quando a Constituição expressamente o prevê. Todos os demais casos são reservados à lei ordinária. Nesse sentido, a expressão 'lei' na parte final do dispositivo está a indicar a necessidade de mera lei ordinária, constituindo exceção à regra geral.

Por outro lado, o art. 149 da Constituição Federal ao atribuir competência tributária à União para instituição de contribuições sociais não

---

(69) *Contribuições para a seguridade social*, p. 104.

(70) BALEEIRO, Aliomar, *Limitações constitucionais ao poder de tributar.* Atual. Misabel Derzi, p. 637.

determinou a observância do disposto no art. 146, II, justamente onde há determinação no sentido de que cabe à lei complementar regular as limitações constitucionais ao poder de tributar.

Na esteira da jurisprudência do Supremo Tribunal Federal a imunidade em questão depende de regulamentação, ou seja, estamos diante de norma de eficácia contida. No julgamento do mandado de injunção n. 616, publicado no DJ de 25.10.02, o Tribunal Pleno, por unanimidade de votos, julgou a impetrante, entidade beneficente de assistência social, carecedora de ação quanto ao pedido de regulamentação, por meio de lei complementar, da imunidade prevista no art. 195, § 7º, ao argumento de que "a matéria já foi regulamentada pelo art. 55 da Lei n. 8.212/91, com as alterações da Lei n. 9.732/98".

Filiamo-nos à linha de pensamento daqueles que defendem a necessidade de simples lei ordinária para o caso e, por essa razão, temos que o art. 55 da Lei n. 8.212/91 regulamenta a imunidade em questão.(71)

Igual linha de raciocínio desenvolve *José Guilherme Ferraz da Costa* e *Zélia Luiza Pierdoná*.(72)

Posteriormente, a Lei n. 9.732/98 alterou a redação do referido artigo, incidindo em inconstitucionalidade material, pois estabeleceu requisitos que desvirtuam o conceito constitucional de entidade beneficente de assistência social, bem como limitou a própria extensão da imunidade ao determinar a promoção gratuita e em caráter exclusivo da assistência social, como ficou decidido pelo Supremo Tribunal Federal. Nesse mesmo julgado, o Tribunal reconheceu a equivalência de relevâncias entre as teses opostas, a saber, da necessidade de lei complementar e da suficiência de lei ordinária, postergando para o julgamento de mérito o deslinde da questão.(73)

---

(71) O Decreto n. 2.536/98 dispõe sobre a concessão do Certificado de Entidade de Fins Filantrópicos.

(72) Cf. *Incentivos Fiscais na Seguridade Social, p. 84 e Contribuições para a Seguridade Social*, p. 106, respectivamente.

(73) STF, ADIn n. 2028, DJ 16.06.00. Eis a ementa: Ação direta de inconstitucionalidade. Art. 1º, na parte em que alterou a redação do art. 55, III, da Lei 8.212/91 e acrescentou-lhe os §§ 3º, 4º e 5º, e dos arts. 4º, 5º e 7º, todos da Lei n. 9.732, de 11 de dezembro de 1998. — Preliminar de mérito que se ultrapassa porque o conceito mais lato de assistência social — e que é admitido pela Constituição — é o que parece deva ser adotado para a caracterização da assistência prestada por entidades beneficentes, tendo em vista o cunho nitidamente social da Carta Magna. — De há muito se firmou a jurisprudência desta Corte no sentido de que só é exigível lei complementar quando a Constituição expressamente a ela faz alusão com referência a determinada

Voltou a vigorar, portanto, a redação anterior do art. 55 da Lei n. 8212/91.

Uma última palavra é pertinente. A assistência social será prestada a quem dela necessitar e tem por objetivo oferecer o mínimo vital aos desamparados, o que, na forma do art. 6º da Constituição Federal, integra o catálogo dos direitos e garantias fundamentais. Dessa forma, podemos constatar que a imunidade em questão consagra um valor constitucionalmente relevante, o qual não está ao alcance do poder constituinte derivado por força do art. 60, § 4º, IV, da Constituição Federal. Sendo assim, esta imunidade não pode ser revogada sem ofensa à Constituição, exatamente por ser desdobramento de um direito fundamental.

---

matéria, o que implica dizer que quando a Carta Magna alude genericamente a "lei" para estabelecer princípio de reserva legal, essa expressão compreende tanto a legislação ordinária, nas suas diferentes modalidades, quanto a legislação complementar. — No caso, o art. 195, § 7º, da Carta Magna, com relação a matéria específica (as exigências a que devem atender as entidades beneficentes de assistência social para gozarem da imunidade aí prevista), determina apenas que essas exigências sejam estabelecidas em lei. Portanto, em face da referida jurisprudência desta Corte, em lei ordinária. — É certo, porém, que há forte corrente doutrinária que entende que, sendo a imunidade uma limitação constitucional ao poder de tributar, embora o § 7º do art. 195 só se refira a "lei" sem qualificá-la como complementar — e o mesmo ocorre quanto ao art. 150, VI, *c*, da Carta Magna —, essa expressão, ao invés de ser entendida como exceção ao princípio geral que se encontra no art. 146, II ("Cabe à lei complementar: .... II — regular as limitações constitucionais ao poder de tributar"), deve ser interpretada em conjugação com esse princípio para se exigir lei complementar para o estabelecimento dos requisitos a ser observados pelas entidades em causa. — A essa fundamentação jurídica, em si mesma, não se pode negar relevância, embora, no caso, se acolhida, e, em conseqüência, suspensa provisoriamente a eficácia dos dispositivos impugnados, voltará a vigorar a redação originária do art. 55 da Lei n. 8.212/91, que, também por ser lei ordinária, não poderia regular essa limitação constitucional ao poder de tributar, e que, apesar disso, não foi atacada, subsidiariamente, como inconstitucional nesta ação direta, o que levaria ao não-conhecimento desta para se possibilitar que outra pudesse ser proposta sem essa deficiência. — Em se tratando, porém, de pedido de liminar, e sendo igualmente relevante a tese contrária — a de que, no que diz respeito a requisitos a ser observados por entidades para que possam gozar da imunidade, os dispositivos específicos, ao exigirem apenas lei, constituem exceção ao princípio geral —, não me parece que a primeira, no tocante à relevância, se sobreponha à segunda de tal modo que permita a concessão da liminar que não poderia dar-se por não ter sido atacado também o art. 55 da Lei n. 8.212/91 que voltaria a vigorar integralmente em sua redação originária, deficiência essa da inicial que levaria, de pronto, ao não-conhecimento da presente ação direta. Entendo que, em casos como o presente, em que há, pelo menos num primeiro exame, equivalência de relevâncias, e em que não se alega contra os dispositivos impugnados apenas inconstitucionalidade formal, mas também inconstitucionalidade material, se deva, nessa fase da tramitação da ação, trancá-la com o seu

5.4.4. A hipótese do art. 155, § 3º

A redação original desta disposição constitucional determinava que à exceção do ICMS e dos impostos aduaneiros, nenhum outro tributo incidiria sobre operações relativas a energia elétrica, combustíveis líquidos e gasosos, lubrificantes e minerais do País.

A interpretação meramente literal leva à conclusão de que estamos diante de mais uma imunidade no campo das contribuições de seguridade social. Mas, por força da interpretação sistemática, a norma jurídica em estudo deve ser interpretada levando em consideração o princípio da solidariedade contributiva, segundo o qual todos devem contribuir para a seguridade social. Dessa forma, concluímos que as contribuições de seguridade social não estão abrangidas por esta norma constitucional.

O Supremo Tribunal Federal julgou a matéria em 01.07.99, considerando constitucional a cobrança da COFINS sobre as operações referidas no citado § 3º, de acordo com o princípio da solidariedade contributiva, como observa *Zélia Luiza Pierdoná*.(74)

Com a promulgação da Emenda Constitucional n. 33/01 a discussão perdeu o sentido, tendo em vista a nova redação do referido parágrafo:

> *§ 3º À exceção dos impostos de que tratam o inciso II do* caput *deste artigo e o art. 153, I e II, nenhum outro imposto poderá incidir sobre operações relativas a energia elétrica, serviços de telecomunicações, derivados de petróleo, combustíveis e minerais do País.*

---

não-conhecimento, questão cujo exame será remetido para o momento do julgamento final do feito. — Embora relevante a tese de que, não obstante o § 7º do art. 195 só se refira a "lei", sendo a imunidade uma limitação constitucional ao poder de tributar, é de se exigir lei complementar para o estabelecimento dos requisitos a ser observados pelas entidades em causa, no caso, porém, dada a relevância das duas teses opostas, e sendo certo que, se concedida a liminar, revigorar-se-ia legislação ordinária anterior que não foi atacada, não deve ser concedida a liminar pleiteada. — É relevante o fundamento da inconstitucionalidade material sustentada nos autos (o de que os dispositivos ora impugnados — o que não poderia ser feito sequer por lei complementar — estabeleceram requisitos que desvirtuam o próprio conceito constitucional de entidade beneficente de assistência social, bem como limitaram a própria extensão da imunidade). Existência, também, do *periculum in mora*. Referendou-se o despacho que concedeu a liminar para suspender a eficácia dos dispositivos impugnados nesta ação direta.

(74) Cf. *Contribuições para a seguridade social*, p. 100.

5.4.5. Limitação constitucional da anterioridade especial

A limitação constitucional da anterioridade especial está prevista no art. 195, § 6º, segundo o qual as contribuições de seguridade social só poderão ser exigidas após decorridos noventa dias da data da publicação da lei que as houver instituído ou modificado, não se lhes aplicando a limitação constitucional da anterioridade plena.

Note-se que, no regime anterior à Emenda Constitucional n. 42/03,(75) isso não significava dizer que o prazo para a exigibilidade das contribuições de seguridade social seria sempre menor em relação ao prazo dos demais tributos, visto que, quanto aos últimos, uma lei instituidora publicada no último dia de um exercício já tornava o tributo exigível no início do exercício seguinte — não obstante respeitáveis opiniões em sentido contrário -, enquanto que, para as contribuições de seguridade social, uma lei publicada no último dia de um exercício ficará, irremediavelmente, sujeita à noventena.(76)

A limitação constitucional aqui estudada diz respeito à garantia do contribuinte e está relacionada com o princípio da não-surpresa. Da mesma forma, a limitação constitucional da anterioridade, plena ou mitigada, decorre do princípio da segurança jurídica. Por essa razão, somente tem aplicação nos casos de aumento da carga tributária, jamais quando a norma jurídica vier reduzir tributo ou mesmo suprimi-lo.

De fato, quando a lei nova extingue ou reduz o tributo, deve ter aplicação imediata, não se impondo a noventena. Conseqüentemente, a nova carga tributária, de imediato, será suprimida ou reduzida.

Situação diversa ocorre na hipótese em que nova contribuição é instituída em substituição à anterior. A contribuição nova — disso não há dúvidas — está sujeita à aludida limitação, sendo exigível somente após decorridos noventa dias da publicação da nova lei. A extinção da contribuição antiga, entretanto, nessa hipótese, também estará sujeita às conseqüências da referida limitação, pois não soa lógico imaginar um *vazio de exigibilidade* quando a intenção do legislador era a de substituir uma pela outra. A estreita relação entre custeio e benefício, decorrente da regra da contrapartida, reforça esse argumento.

---

(75) As alterações introduzidas pela EC n. 42/03 foram estudadas no item 5.3.

(76) Como exemplo máximo desse abuso, veja-se a Lei n. 8.383, publicada no dia 31 de dezembro de 1991 para produzir efeitos financeiros já no primeiro dia do exercício seguinte, ou seja, no dia seguinte!

O Tribunal Regional Federal da 4ª Região ao julgar ação onde discutia-se a exigibilidade de contribuição previdenciária criada por Estado, para custear regime próprio, em substituição à contribuição devida ao regime geral de previdência social, assim decidiu:

> *PREVIDENCIÁRIO. ESTADO. REGIME PRÓPRIO. ANTERIORIDADE MITIGADA. CUSTEIO. BENEFÍCIO.*
>
> *A contribuição criada pelo Estado para custeio de sistema de previdência e assistência social próprio está sujeita ao princípio da anterioridade mitigada do § 6º do art. 195, da CF.*
>
> *Sendo o sistema previdenciário caracterizado por um plano de custeio e benefícios, é inviável sustentar-se que o servidor estadual, mesmo sem contribuir para a previdência do Estado, estaria amparado por ela nesse lapso intermediário. O regime próprio, portanto, só passa a viger noventa dias após a sua instituição, quando passa a ser custeado pelos beneficiários. Até lá, os servidores estão sujeitos ainda ao regime geral, sendo devida a contribuição objeto de execução.*
>
> *Apelo provido.* [77]

5.4.6. Regra da contrapartida

Uendel Domingues Ugatti ensina que a regra da contrapartida passou a integrar o Texto Constitucional por meio da Emenda Constitucional n. 11/65, a qual acrescentou ao art. 157 o parágrafo segundo, nesses termos:

> *Nenhuma prestação de serviço de caráter assistencial ou de benefício compreendido na previdência social poderá ser criada, majorada ou estendida sem a correspondente fonte de custeio total.* [78]

Para *Wagner Balera* a regra da contrapartida é limitação constitucional dirigida contra abusos do Poder Legislativo, o qual, "seduzido pela demagogia (notadamente em anos eleitorais), viesse a cometer, mediante a criação de prestações que não tivessem previsão das respectivas receitas de cobertura". Por essa razão, esse autor define a regra da contrapartida como "garante" do sistema. [79]

A regra da contrapartida está umbilicalmente relacionada com a saúde financeira de um plano de seguridade social, é dizer, com a elaboração do plano de custeio, o qual é definido nesses termos por *Rio Nogueira*:

---

(77) TRF4ª R, AC n. 1999.04.01.131601-5, DJU 31.01.01.

(78) Cf. *O princípio constitucional da contrapartida na seguridade social*, p. 74.

(79) Cf. *Noções preliminares de direito previdenciário*, p. 123/124.

O conjunto de normas quantificadoras das receitas que deverão ser investidas pela entidade, a fim de gerar os recursos necessários e suficientes à cobertura dos compromissos por ela assumidos em relação a toda a massa amparada, quer em relação a prestações já iniciadas, quer em relação a prestações a conceder.[80]

Segundo o mesmo autor, o atuário tem vasto campo para fixar as receitas necessárias, devendo, todavia, atender a duas condições:

a) Princípio do equilíbrio financeiro:

O valor descontado provável do fluxo constituído pelas receitas deve igualar o valor descontado provável do fluxo das despesas de prestações.

b) Princípio da solvência:

O montante capitalizado das receitas previstas para um lapso qualquer, contado a partir da data da implantação, não pode ser inferior ao montante capitalizado das despesas previstas para esse mesmo lapso.[81]

De posse desses conceitos, o atuário deve fixar o regime financeiro apto para fazer frente às despesas da seguridade social. No Brasil, citado regime veio à lume com a edição da Lei n. 8.212/91, a qual instituiu um *Plano de Custeio*. Referido instrumento normativo, entretanto, de forma inacreditável, não foi precedido de estudo adequado para apontar as reais bases financeiras suficientes para o equilíbrio atuarial do sistema, considerando-se, inclusive, o aumento anual da expectativa de vida da população decorrente da diminuição da taxa de mortalidade e o aumento da taxa de natalidade, fatores que influenciam diretamente as despesas da seguridade social.

Uendel Domingues Ugatti observa que a regra da contrapartida, denominada por ele de *princípio* da contrapartida, assim como as demais "premissas constitucionais traçadas para o exercício da competência legislativa na instituição de contribuições e prestações da seguridade social" são aplicáveis à União, Estados, Distrito Federal e Municípios, quando legislarem sobre os respectivos regimes próprios de previdência social. Reforça seu argumento na seguinte decisão do Supremo Tribunal Federal, proferida na Ação Direita de Inconstitucionalidade n. 1002:

---

(80) *A crise moral e financeira da previdência social*, p. 34.
(81) *Idem*, p. 34.

Ementa: DIREITO CONSTITUCIONAL E PREVIDENCIÁRIO. AÇÃO DIRETA DE INCONSTITUCIONALIDADE. LEI N. 511, DE 04.10.1993, QUE ACRESCENTOU O INCISO VI AO ART. 5º DA LEI N. 135, DE 23.10.1986, AMBAS DO ESTADO DE RONDÔNIA. CONSTITUIÇÃO FEDERAL, ARTS. 195, CAPUT *E § 5º; 194, PARÁGRAFO ÚNICO, E 149, § 1º. LEI FEDERAL N. 8.213, DE 24.07.1991. 1. O dispositivo impugnado incluiu, para fins previdenciários, como dependentes dos associados, "os pais, que forem aposentados e pensionistas do Instituto Nacional de Seguridade Social — INSS e outros, cujas rendas não ultrapassem o valor de dois salários mínimos", violando o § 5º do art. 195 da Constituição Federal, segundo o qual "nenhum benefício ou serviço de seguridade social pode ser criado, majorado ou estendido sem correspondente fonte de custeio total". 2. Tal norma constitucional federal (art. 195, § 5º) está inserida nas Disposições Gerais da Seguridade Social, a serem observadas, por isso mesmo, também pelos Estados, sem prejuízo do disposto no parágrafo 1º do art. 149. 3. O parágrafo único do art. 194 da C.F. deixou claro que ao Poder Público compete, nos termos da lei, organizar a seguridade social, com observância dos princípios enunciados em seus incisos, dentre eles o da eqüidade na forma de participação no custeio, como estabelecido no* caput, *seus incisos e parágrafos do art. 195. 4. E a Lei n. 8.213, de 24.07.1991, que dispôs sobre Planos de Benefícios da Previdência Social, não inclui, como dependentes do segurado, "os pais, que forem aposentados e pensionistas do INSS e outros, cujas rendas não ultrapassem o valor de dois salários mínimos", como fez a norma impugnada, sem a correspondente fonte de custeio total. 5. Ação Direta julgada procedente, declarando-se a inconstitucionalidade da Lei n. 511, de 04.10.1993, que acrescentou o inciso VI ao art. 5º da Lei n. 135, de 23.10.1986, ambas do Estado de Rondônia. 6. Plenário. Decisão unânime.*(82)

A regra da contrapartida, ensina *Wagner Balera*, está associada à noção de "caixa" como regra elementar de contabilidade. "Não é por acaso que a entidade previdenciária, em tempos passados, era conhecida como a "CAIXA".(83) Ainda, segundo o mesmo autor, a regra da contrapartida deve ser observada em qualquer sistema de proteção social, seja o básico, seja o complementar.(84)

Mas não basta o respeito à regra da contrapartida para garantir o equilíbrio atuarial do sistema. É preciso por fim à prática consagrada da União de desviar recursos da seguridade social para outras áreas do

---

(82) Cf. *O Princípio constitucional da contrapartida na seguridade social*, p. 99.
(83) Cf. *Contribuições sociais, Caderno de Pesquisa Tributária*, n. 17, p. 321.
(84) Cf. *A proteção jurídica dos bens que integram o patrimônio das entidades de previdência complementar, Revista de Direito Social*, n. 8, p. 95.

governo, em flagrante prejuízo das ações de saúde, assistência e previdência social.

5.4.7. Limitações constitucionais referentes à instituição de contribuições residuais

O *caput* do art. 195 da Constituição Federal arrola as contribuições de seguridade social ordinárias, ou seja, aquelas já previstas no próprio Texto e que podem ser instituídas por meio de simples lei ordinária.

Consciente das variações que podem afetar o equilíbrio financeiro da seguridade social, bem como da natural expansão que é de se esperar do sistema, o constituinte não deixou o legislador infra-constitucional de mãos amarradas. Autorizou, no § 4º do mesmo artigo, a instituição de contribuições residuais, nos seguintes termos: "a lei poderá instituir outras fontes destinadas a garantir a manutenção ou expansão da seguridade social, obedecido o disposto no art. 154, I". Exemplo do exercício dessa competência residual foi a Lei Complementar n. 84/96, à qual instituiu "fonte de custeio para a manutenção da Seguridade Social, na forma do § 4º do art. 195 da Constituição Federal." Referida lei foi expressamente revogada pela Lei n. 9.876/99, sem vício de inconstitucionalidade, pois após a promulgação da Emenda Constitucional n. 20/98 toda matéria disciplinada naquela lei complementar passou ao campo de atuação da lei ordinária.

Dentre os limites da eleição da hipótese de incidência tributária das contribuições, quaisquer que sejam estas, parte da doutrina aponta a impossibilidade de descrever-se fato gerador próprio da competência tributária dos Estados ou Municípios, o que implicaria atingir a repartição de competência tributária delimitada pela Constituição, pois a competência para a instituição das contribuições em estudo é exclusiva da União.(85)

Não concordamos com esta conclusão.

O argumento mais sólido parece repousar na interpretação *a contrario sensu* do art. 154, II, da Constituição Federal,(86) segundo o qual a

---

(85) Nesse sentido Roque Antonio Carrazza, *Curso de direito constitucional tributário*, p. 543.

(86) Art. 154. A União poderá instituir:

I — mediante lei complementar, impostos não previstos no artigo anterior, desde que sejam não-cumulativos e não tenham fato gerador ou base de cálculo próprios dos discriminados nesta Constituição;

invasão da competência tributária das demais pessoas políticas depende, para a União, de autorização expressa.[87]

Ocorre que o art. 154, em sua totalidade, diz respeito aos *impostos*. No inciso I trata da competência residual da União e no inciso II trata dos impostos de guerra, mas, sempre e sem exceção, em relação a *impostos*. Daí que essa autorização expressa, para nós, diz respeito exclusivamente aos impostos, não às contribuições.

Tal raciocínio é coerente com a interpretação dada ao art. 195, §4º, *in fine*, da Constituição Federal, no sentido de que a determinação da observação do disposto no art. 154, I, significa dizer apenas da necessidade de lei complementar para o exercício da competência residual. Não negamos, é verdade, a péssima técnica adotada pelo legislador constituinte. Melhor se tivesse dito isso no próprio art. 195, § 4º. Mas a redação truncada de textos legais não deve assustar o intérprete.

A jurisprudência do Supremo Tribunal Federal trilha no mesmo sentido do texto:

> *Ementa: Contribuição social. Constitucionalidade do art. 1º, I, da Lei Complementar n. 84/96. — O Plenário desta Corte, ao julgar o RE 228.321, deu, por maioria de votos, pela constitucionalidade da contribuição social, a cargo das empresas e pessoas jurídicas, inclusive cooperativas, incidente sobre a remuneração ou retribuição pagas ou creditadas aos segurados empresários, trabalhadores autônomos, avulsos e demais pessoas físicas, objeto do art. 1º, I, da Lei Complementar n. 84/96, por entender que não se aplica às contribuições sociais novas a segunda parte do inciso I do art. 154 da Carta Magna, ou seja, que elas não devam ter fato gerador ou base de cálculos próprios dos impostos discriminados na Constituição. — Nessa decisão está ínsita a inexistência de violação, pela contribuição social em causa, da exigência da não-cumulatividade, porquanto essa exigência — e é este, aliás, o sentido constitucional da cumulatividade tributária — só pode dizer respeito à técnica de tributação que afasta a cumulatividade em impostos como o ICMS e o IPI — e cumulatividade que, evidente-*

II — na iminência ou no caso de guerra externa, impostos extraordinários, compreendidos ou não em sua competência tributária, os quais serão suprimidos, gradativamente, cessadas as causas de sua criação.

(87) Nesse sentido Hugo de Brito Machado (Coordenador), *As contribuições no sistema tributário brasileiro*, p. 12.

mente, não ocorre em contribuição dessa natureza cujo ciclo de incidência é monofásico —, uma vez que a não-cumulatividade no sentido de sobreposição de incidências tributárias já está prevista, em caráter exaustivo, na parte final do mesmo dispositivo da Carta Magna, que proíbe nova incidência sobre fato gerador ou base de cálculo próprios dos impostos discriminados nesta Constituição. — Dessa orientação não divergiu o acórdão recorrido. Recurso extraordinário não conhecido.(88) *(grifo nosso)*

Dessa forma, a referência ao art. 154, I, diz respeito tão-somente à exigência de lei complementar para o exercício da competência residual.

Veja-se ainda que o art. 195, § 4º, autoriza a instituição de novas fontes não só para garantir a expansão do sistema de seguridade social, mas também para garantir a sua manutenção, o que significa dizer que novas contribuições podem ser criadas sem a ampliação dos benefícios ou serviços já existentes, mas, sempre e sempre, na medida da necessidade do equilíbrio atuarial do sistema.

Para *Uendel Domingues Ugatti* essa observação não passou despercebida:

O princípio da contrapartida atua, de forma nítida, como fundamento de validade de todo o sistema de seguridade social, pois todas as prestações, seja nas áreas de saúde, previdência ou assistência social, apenas podem existir ou ser instituídas pelo legislador ordinário com a respectiva previsão da fonte de custeio total, assim como a criação de fontes de custeio encontram-se atreladas às prestações sempre de acordo com o plano atuarial, sob pena de sua nulidade, por absoluta ausência de fundamento de validade.(89)

Dessa forma, merece temperos a interpretação dada por alguns à regra da contrapartida no sentido de que ela veda a majoração ou criação de contribuição sem a correspondente ampliação ou criação de benefício ou serviço. Não. Ela veda a majoração ou criação de contribuição sem causa suficiente, ou seja, sem necessidade imposta pelo equilíbrio atuarial do sistema, o que pode permitir majoração ou criação de contribuição, sem qualquer reflexo nos benefícios ou serviços existentes. Exemplo disso ocorrerá se porventura as despesas superarem as

(88) STF, RE n. 258470, DJ 12.05.00

(89) *O princípio constitucional da contrapartida na seguridade social*, p. 106.

receitas do sistema. Novas fontes serão criadas sem necessidade de criação, majoração ou extensão de benefícios ou serviços, mas simplesmente destinadas a garantir a manutenção da seguridade social.

A competência residual vem ao encontro do princípio da diversidade da base de financiamento e complementa o princípio da solidariedade contributiva.

O legislador pode, então, escolher novos comportamentos humanos aptos a configurarem o aspecto material da hipótese de incidência de contribuições de seguridade social. Mas essa escolha tem limites.

5.5. Necessidade de correlação lógica entre os contribuintes e a finalidade da contribuição

Esta limitação constitucional à instituição de contribuições de seguridade social é daquela espécie relacionada ao *conteúdo da norma*, segundo a classificação de *Marco Aurélio Greco*, pois inibe preceitos que atinjam determinadas pessoas, quais sejam, aquelas que não têm correlação lógica com a finalidade da contribuição.

Iniciamos agora o trato de uma situação peculiar muito pouco estudada pela doutrina, não obstante estar diretamente relacionada com a constitucionalidade das contribuições: a necessidade de correlação lógica entre os contribuintes e a finalidade da contribuição.

Geraldo Ataliba, em que pese adotar classificação jurídica dos tributos diversa daquela seguida por nós, observou com precisão que:

> *Impõe-se, destarte, reconhecer a necessidade — constitucionalmente postulada — de que haja, ainda que indiretamente (embora clara e objetiva), correlação entre os beneficiários da ação do estado e as pessoas chamadas a contribuir; ou seja: correlação entre os efeitos ou causa da ação estatal custeada pela "contribuição" e seus contribuintes (sujeitos passivos).*(90)

O mesmo autor ensina que a ausência de discricionariedade do legislador infraconstitucional no que diz respeito à fixação do sujeito passivo também está presente nos demais tributos. Dessa forma,

---

(90) *Hipótese de incidência tributária*, p. 205. *Geraldo Ataliba* diferencia a correlação entre os efeitos ou causa da ação estatal em função de sua classificação das contribuições em provocantes ou provocadas, como já vimos no item 2.3.3.3.

"sujeito passivo só quem, nos impostos, revele capacidade econômica (art. 145, §1º) provocando o fato ou dele participando, ou quem receba os atos de polícia ou serviços públicos (art. 145, II) ou, ainda o proprietário imobiliário (art. 145, III)".(91)

Marco Aurélio Greco, após afastar a postura no sentido de que é possível sustentar que todo e qualquer pressuposto escolhido pelo legislador ordinário estaria legitimado em função da validação finalística das contribuições, afirma que é necessário verificar a compatibilidade entre os meios eleitos e os fins visados, por meio dos critérios de necessidade, adequação e proibição de excesso, daí ser "pertinente verificar se o fenômeno captado pela contribuição está em sintonia com a finalidade. Uma contribuição que defina como fato determinante do dever de pagar algo que não tem nenhuma relação com a finalidade que justifica sua instituição fere a norma da validação constitucional por desatender ao requisito da adequação".(92)

Aprofundemos o tema.

No caso das contribuições corporativas não é difícil vislumbrar a necessidade de correlação lógica entre os contribuintes e a finalidade da contribuição. Salta aos olhos que integrantes da categoria profissional de engenharia não podem ser eleitos sujeitos passivos da contribuição corporativa de interesse da categoria profissional de advogado, pois os primeiros não têm qualquer relação com a finalidade desta contribuição. Se a finalidade da contribuição cobrada dos integrantes da categoria profissional de advogado é propiciar recursos financeiros para o desenvolvimento de atividades de regulação e defesa do exercício profissional desta categoria, por meio de sua respectiva entidade de classe, fica claro que somente pode ser eleito contribuinte aquele que tiver relação direta com a atividade profissional ou econômica que se pretende regular, ou seja, os advogados. A correlação lógica está presente sempre que os contribuintes estiverem relacionados com a finalidade da contribuição. Há uma nítida relação de adequação entre meios e fins, pois o comportamento humano colhido pela norma jurídica de tributação — sempre relacionado com alguém: o sujeito passivo ou contribuinte —, é dizer, o exercício da atividade de advocacia, é meio adequado para o alcance da finalidade da contribuição.

---

(91) *Idem*, p. 34.

(92) *Contribuições: uma figura sui generis*, p. 142.

Nas contribuições interventivas não é diferente. Somente poderá ser eleito sujeito passivo da exação aquele que estiver relacionado com a exploração da atividade econômica onde se pretenda intervir. E a intervenção sempre terá finalidade, qual seja, regular a atividade econômica de forma a assegurar os valores constitucionalmente protegidos.

Assim andou a Lei n. 10.336/01, ao instituir contribuição de intervenção no domínio econômico incidente sobre a importação e a comercialização de petróleo e seus derivados, gás natural e seus derivados, e álcool etílico combustível. Destinou o produto da arrecadação ao pagamento de subsídios a preços ou transporte de álcool combustível, de gás natural e seus derivados e de derivados de petróleo; financiamento de projetos ambientais relacionados com a indústria do petróleo e do gás; e financiamento de programas de infra-estrutura de transportes. Como contribuintes, elegeu o produtor, o formulador e o importador, pessoa física ou jurídica, dos combustíveis líquidos relacionados naquela lei. A intervenção nesse específico domínio econômico enseja a cobrança dessa contribuição, revelando-se, aí, a necessária correlação lógica entre os contribuintes e finalidade da contribuição. Assim como nas contribuições corporativas, há uma nítida relação de adequação entre meios e fins, pois o comportamento humano colhido pela norma jurídica de tributação, é dizer, a importação e comercialização dos produtos eleitos, é meio adequado para o alcance da finalidade da contribuição.

Mais difícil é apurar essa correlação lógica no trato das contribuições sociais de seguridade social, pois suas ações são dirigidas para toda a sociedade. Daí, poderíamos concluir que qualquer um poderia ser chamado, indistintamente, para ocupar o pólo passivo na relação jurídico-tributária. Mas não é bem assim. *Geraldo Ataliba*, com sua especial visão das contribuições, também deparou-se com essa dificuldade, o que o levou a concluir "ter cabimento, na teoria das contribuições, elaborada no plano financeiro, estender o círculo dos sujeitos passivos às pessoas indiretamente relacionadas com a ação estatal pela contribuição suportada".[93]

Com efeito, devemos considerar aqui o princípio da solidariedade contributiva, segundo o qual todos devem contribuir para a seguridade social. Referido princípio, todavia, deve ser ponderado com os demais princípios aplicáveis no trato das contribuições, tais como os princípios da igualdade e da proporcionalidade. A respeito deste último, *Eduardo Rocha Dias* afirma:

---

(93) Cf. *Hipótese de incidência tributária*, p. 205.

O princípio da proporcionalidade, com suas máximas de adequação, necessidade e proporcionalidade em sentido estrito, constitui limite para a cobrança de contribuições, permitindo aferir a idoneidade destas últimas para a consecução dos fins previstos pela Constituição.[94]

Não cansamos de dizer que seguridade social abrange ações de saúde, assistência e previdência social. O regime de saúde assegura acesso universal, não obstante permitir a instituição de contribuições específicas, a título de fonte adicional de custeio, como já vimos. O regime de assistência social, por sua vez, é não contributivo, pois "a assistência social será prestada a quem dela necessitar, independentemente de contribuição à seguridade social".[95] Por outro lado, o regime previdenciário é contributivo, o que significa dizer que somente terão acesso aos benefícios e serviços da previdência social aqueles que contribuírem.[96]

Daniel Pulino faz preciosa observação ao comentar a contributividade inerente ao regime jurídico-previdenciário:

Trata-se de pressuposto igualmente fundamental para a compreensão do modelo brasileiro de previdência social, pois a participação do sujeito protegido no custeio do sistema possui relevância, no mais das vezes, na própria determinação da existência da relação jurídica de concessão de prestação previdenciária (...) bem assim, também como regra geral, na quantidade de proteção, quer dizer, no valor do benefício previdenciário que será devido a cada sujeito — diante do fato de que a base contributiva do segurado coincidirá, normalmente, com a base de cálculo de seu benefício.[97]

Pois bem, é preciso compreender essa dinâmica do sistema. As contribuições, já vimos, são vertidas para o sistema de seguridade social de forma indireta, por meio dos orçamentos fiscais das diversas pessoas políticas, e de forma direta, mediante as contribuições de seguridade social previstas na Constituição Federal.

A contributividade do regime previdenciário diz respeito tão-somente às contribuições vertidas pelas pessoas físicas, pois somente essas

(94) Hugo de Brito Machado (Coordenador), *As contribuições no sistema tributário brasileiro*, p. 233.
(95) *Constituição Federal*, art. 203.
(96) *Idem*, art. 201.
(97) *A aposentadoria por invalidez no direito positivo brasileiro*, p.45.

integram o rol dos beneficiários da previdência social que podem ser alcançados por seus benefícios e serviços. Os demais contribuintes, pessoas jurídicas, contribuem para o sistema de seguridade social — saúde, assistência e previdência social — e não exclusivamente para o regime previdenciário.(98) Veja-se que segundo a nova redação do art. 167 da Constituição Federal, dada pela Emenda Constitucional n. 20/98, é vedada a utilização dos recursos provenientes das contribuições de seguridade social do empregador, da empresa e da entidade a ela equiparada na forma da lei, incidentes sobre a folha de salários e demais rendimentos do trabalho pagos ou creditados, a qualquer título, à pessoa física que lhe preste serviço, mesmo sem vínculo empregatício, bem como das contribuições do trabalhador e dos demais segurados da previdência social, para a realização de despesas distintas do pagamento de benefícios do regime geral de previdência social de que trata o art. 201 da Constituição Federal.

Desde então, as contribuições dos segurados da previdência social estão vinculadas, exclusivamente, às despesas desta, assim como as contribuições do art. 195, I, a, da Constituição Federal. A vinculação destas últimas deve-se à observação de critérios que preservem o equilíbrio financeiro do regime.(99)

Levando em consideração as prestações de saúde, assistência e previdência social, podemos dividir os participantes do sistema em dois grandes grupos: um grupo de beneficiários gerais, formado por aqueles que não são atingidos pelas prestações previdenciárias e outro grupo de beneficiários especiais, integrado por pessoas que se encontram numa situação específica porque recebem um *plus* do sistema em relação aos beneficiários gerais, exatamente as vantagens das prestações de previdência social. Como exemplo desse grupo especial podemos citar as empresas, as quais são diretamente beneficiadas pela atividade da

---

(98) Ressalvada a possibilidade de instituição de contribuição específica para o financiamento da saúde, tal como a CPMF, em sua origem.

(99) Segundo dados do Ministério da Previdência Social, o total arrecadado da contribuição prevista no art. 195, I, a, da CF/88, em 2004, foi de 86,574 bilhões de reais, equivalentes a 86% do total arrecadado pelo INSS naquele ano. Já as contribuições dos trabalhadores, somaram 3,754 bilhões de reais, equivalentes a 3,7% do total. De outro lado, segundo dados do Ministério da Fazenda, no mesmo ano de 2004, o total da COFINS arrecadada totalizou 76,613 bilhões de reais, ou 23,75% do total arrecadado pela Receita Federal. A CSLL totalizou 19,554 bilhões de reais, 6,06% do total; CPMF 26,432 bilhões de reais, ou 8,19% do total; PIS/PASEP 19,390 bilhões de reais, ou 6,01% do total.

previdência social, pois trabalhadores incluídos neste sistema de proteção social acabam produzindo mais e melhor, com evidentes benefícios para aquelas. Também integram esse grupo especial os segurados da previdência social, pois são os titulares dos direitos previdenciários.

Graficamente, definimos assim esses dois grupos de beneficiários:

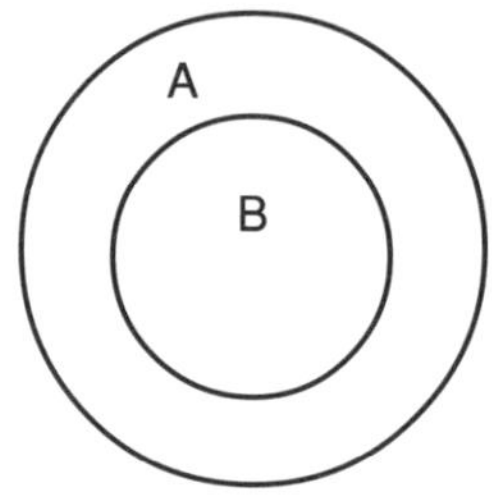

Onde A = Beneficiários gerais; e B = Beneficiários especiais.

Seguindo essa linha de raciocínio, os beneficiários gerais não podem ser chamados para contribuir, na medida em que não são destinatários da proteção previdenciária. O financiamento da seguridade social, portanto, ficará a cargo dos beneficiários especiais, ou seja, somente daqueles que recebem um *plus* do sistema. Nota-se, facilmente, que esse *plus* é o elemento que justifica a cobrança das contribuições de seguridade social. Basta um breve lançar de olhos para verificar que todos os contribuintes arrolados no art. 195 da Constituição Federal — deixamos de fora, por enquanto, o importador de bens ou serviço do exterior —, ou seja, os contribuintes das contribuições de seguridade social, recebem esse *plus* do sistema.

Analisemos com maior atenção o grupo 'A', dos beneficiários gerais:

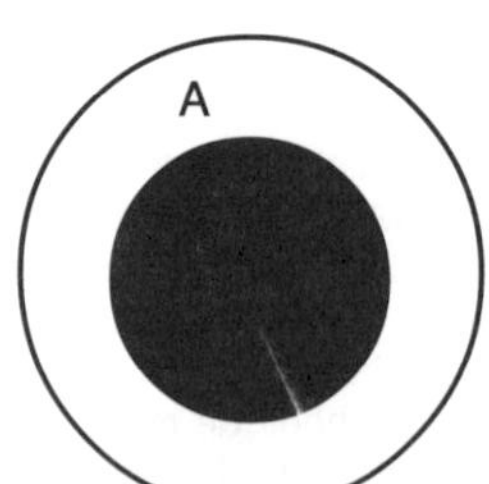

A = Grupo dos beneficiários gerais, ou seja, dos beneficiários com menor grau de proteção.

Uma primeira observação é pertinente: a menor proteção deste grupo diz respeito às prestações recebidas da seguridade social, não a sua condição econômica; portanto, pode haver beneficiários neste grupo com maior capacidade econômica do que no grupo *B*, mas o que deve ser levado em consideração não é isso, e sim, repita-se, a proteção recebida da seguridade social. Não se pode fazer tudo em nome do princípio da solidariedade contributiva.

Pois bem, não há como ser instituída uma contribuição de seguridade social restrita a esse grupo, sem quebra da necessária correlação lógica entre contribuintes e finalidade da contribuição. Não há relação de adequação entre meios e fins, pois eventual contribuinte eleito pela norma jurídica de tributação estaria desprestigiado em relação à finalidade da contribuição, exatamente por receber um grau menor de proteção da seguridade social.

A falta do *plus* presente em todos os contribuintes apontados no art. 195 da Constituição Federal impede a instituição da contribuição. Por outro lado, a presença desse *plus* é o fator que legitima a discriminação para autorizar a instituição de contribuição de seguridade social.

Esse raciocínio, é importante frisar, não invalida a possibilidade da instituição de contribuição de seguridade social voltada especificamente para o custeio das ações de saúde, pois, neste caso, o elemento de discrímen não é a proteção previdenciária e não há que se falar em um grau menor de proteção social, justamente pela garantia do acesso universal e igualitário.

Vamos em frente. Em exemplo singelo, mas elucidativo, imaginemos a instituição de contribuição de seguridade social, por meio de lei complementar, incidente sobre a aquisição de máquina fotográfica digital, a cargo de pessoas físicas. O contribuinte eleito pela norma jurídica de tributação, considerando-se exclusivamente sua condição de adquirente de máquina fotográfica digital, não revela um grau maior ou menor de proteção em relação à seguridade social. Não é possível identificar o *plus* nesse contribuinte pela simples situação jurídica eleita pela norma jurídica de tributação, razão pela qual a contribuição é inconstitucional. Não há critério constitucionalmente válido para legitimar a contribuição, tampouco correlação lógica entre o contribuinte eleito e a finalidade da contribuição, exceto a correlação geral que qualquer um tem com a seguridade social na condição de destinatário das prestações de saúde e assistência social, o que não é critério válido de discriminação, justamente porque, discriminação, nesse caso, não existe. Não se verifica relação de adequação entre meios e fins, pois o meio escolhido não tem relação direta ou indireta com a finalidade da contribuição.

A "contribuição" a cargo do importador de bens ou serviços do exterior, introduzida pela Emenda Constitucional n. 42/03, também leva consigo a pecha da inconstitucionalidade, por descumprimento à limitação constitucional da correlação lógica entre contribuinte e finalidade, conforme tivemos oportunidade de ver no capítulo anterior — item 4.9.

Conclusão

De tudo que foi exposto, podemos extrair as seguintes conclusões:

1. Seguridade social é um conceito em constante transformação, inclusive por sua estreita vinculação com o Estado Social Contemporâneo, o qual, também, é dinâmico. No Brasil, a correta compreensão do termo envolve os conceitos de bem-estar e justiça sociais, objetivos maiores da ordem social que não serão revelados sem a interpretação da Constituição de modo harmônico, inclusive em obediência ao princípio da unidade.

2. As contribuições, por apresentarem natureza tributária, devem ser compreendidas no bojo do sistema constitucional tributário, mas sempre considerando as normas jurídicas pertinentes do sistema de seguridade social.

3. A exclusão dos princípios gerais e limitações do poder de tributar levada à cabo pela parte final do art. 149 da Constituição Federal não tem o condão de afastar a natureza tributária das contribuições, mas, de outro modo, de assinalar um regime jurídico próprio para as contribuições.

4. A finalidade constitucionalmente determinada das contribuições exige a destinação do produto de sua arrecadação aos fins previstos constitucionalmente, não só sob o ponto de vista formal, mas também material, pois qualquer desvio de finalidade exclui o fundamento constitucional que autoriza a instituição desses tributos. Nesse particular, não sobrevive o disposto no art. 4º, II, do Código Tributário Nacional, segundo o qual a natureza jurídica específica do tributo é determinada pelo fato gerador da respectiva obrigação, sendo irrelevante para qualificá-la a destinação legal do produto de sua arrecadação, pois, no caso das contribuições, a finalidade é preponderante em relação à hipótese de incidência, o que implica a superação da materialidade desta como único critério para a classificação jurídica dos tributos.

5. As contribuições sociais de seguridade social distinguem-se claramente dos impostos e das taxas. Enquanto nos primeiros é expressamente vedada a vinculação de receita a órgão, fundo ou despesa, a destinação é obrigatória nas contribuições. Nas taxas opera-se meca-

nismo de compensação de despesas, o qual não se confunde com a finalidade das contribuições, inclusive porque, naquelas, o produto da arrecadação é destinado ao orçamento geral, não a orçamento próprio, como ocorre nas contribuições de seguridade social. Some-se a isso o fato de que, nas contribuições, ao contrário das taxas, o critério quantitativo da regra matriz de incidência não tem relação direta com o custo da atividade pública.

6. As limitações constitucionais não se confundem com os princípios, pois aquelas têm conteúdo negativo, indicam um caminho que não pode ser seguido, ao contrário destes, os quais indicam uma postura prospectiva, de cumprimento não obrigatório. As limitações constitucionais, muitas vezes, são desdobramentos de direitos e garantias fundamentais. A relevância do trato das limitações é evidente ao confrontarem-se os direitos do contribuinte com a sobrevivência do *Welfare State*, cada vez mais necessitado de recursos públicos para fazer frente às suas novas atribuições.

7. A Constituição Federal, além das conhecidas limitações constitucionais ao poder de tributar, contém limitações especiais de seguridade social, as quais podem revelar-se de forma implícita, tal como a necessidade de correlação lógica entre os contribuintes e a finalidade da contribuição, decorrente da finalidade constitucionalmente determinada desta, a qual restringe a atuação do legislador tributário.

Bibliografia

AARNIO, Aulis. La tesis de la única respuesta correcta y el principio regulativo del razonamento jurídico. *http://www.cervantesvirtual.com/servlet/SirveObras/doxa/01471734433736095354480/cuaderno8/Doxa8_01.pdf.* Acesso em: 15 mai. 2005.

ALEXY, Robert. Sistemas jurídicos, princípios jurídicos y razón práctica. Trad. Manuel Atienza. *http://descargas.cervantesvirtual.com/servlet/SirveObras/doxa/12471730982570739687891/cuaderno5/Doxa5_07.pdf.* Acesso em: 24 mai. 2005.

ASSIS, Armando de Oliveira. *Em busca de uma concepção moderna de 'risco social'.* Revista do I.A.P.I., São Paulo, v.17, p. 24-36, 1975.

ATALIBA, Geraldo. *Hipótese de incidência tributária.* 6. ed. São Paulo: Malheiros, 2004.

ATIENZA, Manuel. Los limites de la interpretación constitucional: de nuevo sobre los casos trágicos. *http://descargas.cervantesvirtual.com/servlet/SirveObras/doxa/12715085352381514198846/isonomia06/isonomia06_01.pdf.* Acesso em: 29 mar. 2005.

ÁVILA, Humberto. A distinção entre princípios e regras e a redefinição do dever de proporcionalidade. *http://www.direitopublico.com.br/pdf_4/DIALOGO-JURIDICO-04-JULHO-2001-HUMBERTO-AVILA.pdf.* Acesso em: 11 jul. 2005.

BACHOF, Otto. *Normas constitucionais inconstitucionais?* Trad. José Manuel M. C. da Costa. Coimbra: Almedina, 1994.

BALEEIRO, Aliomar. *Limitações constitucionais ao poder de tributar.* Atualiz. Misabel Derzi. 7. ed. Rio de Janeiro: Forense, 1999.

BALERA, Wagner. A proteção jurídica dos bens que integram o patrimônio das entidades de previdência complementar. *Revista de Direito Social*, Porto Alegre, v. 2, n. 8, p. 85-105, dez. 2002.

_______. Da contribuição sobre movimentação financeira. *Revista de Direito Tributário*, São Paulo, n. 69, p. 259-273, ago. 1997.

_______. Contribuições destinadas ao custeio da seguridade social. *Cadernos de Direito Tributário*, São Paulo, n. 49, p. 110-120, 1990.

_______. Contribuições sociais. *Caderno de Pesquisa Tributária*, São Paulo, n. 17, p. 311-346, 1992.

_______. Da proteção social à família. *Nova Série*, São Paulo, n. 7, p. 213-241, jun. 2001.

_______. Natureza e fins da imunidade dos fundos de pensão. *Revista de Direito Tributário*, São Paulo, n. 65, p. 178-179, fev. 2001.

_______. *Noções preliminares de direito previdenciário.* São Paulo: Quartier Latin, 2004.

_______. *Sistema de seguridade social.* 3. ed. São Paulo: LTr, 2003.

_______. Sobre reformas e reformas previdenciárias. *Revista de Direito Social*, Porto Alegre, n. 12, p. 11-54, dez. 2003.

BARRETO, Aires. *Base de cálculo, alíquota e princípios constitucionais*. São Paulo: Revista dos Tribunais, 1987.

BARROSO, Luís Roberto. *Interpretação e aplicação da Constituição*: fundamentos de uma dogmática constitucional transformadora. 5. ed. São Paulo: Saraiva, 2003.

______; BARCELLOS, Ana Paula de. *O começo da história*: a nova interpretação constitucional e o papel dos princípios no direito brasileiro. 7. ed. Rio de Janeiro: Renovar, 2003.

BASTOS, Celso Ribeiro. *Curso de direito constitucional*. 13. ed. São Paulo: Saraiva, 1990.

______. *Curso de direito financeiro e de direito tributário*. 2. ed. São Paulo: Saraiva, 1992.

BEATTIE, Roger; McGILLIVRAY, Warren. Una estrategia riesgosa: reflexiones acerca del informe del Banco Mundial titulado envejecimiento sin crisis. *Revista Internacional de Seguridad Social*, Genebra, v. 48, n. 3, p. 7-28, abr. 1995.

BECCARIA, Cesare. *Dos delitos e das penas*. Trad. Torrieri Guimarães. São Paulo: Martin Claret, 2000.

BESERRA, Fabiano Holz. Limites constitucionais ao arbítrio judicial. *http://www.tex.pro.br/wwwroot/01de2005/limitesconstitucionaisaoarbitrio_fabiano.htm*.Acesso em: 11 jul. 2005.

BOBBIO, Norberto. *Teoria do ordenamento jurídico*. Trad. Maria Celeste C. L. dos Santos. 10. ed. Brasília: Editora UnB, 1999.

BORGES, José Souto Maior. *Obrigação tributária*: uma introdução metodológica. 2. ed. São Paulo: Malheiros, 1999.

CANOTILHO, José Joaquim Gomes. *Direito constitucional*. 5. ed. Coimbra: Almedina, 1991.

CAPPELLETTI, Mauro. *O controle judicial de constitucionalidade das leis no direito comparado*. Trad. Aroldo Plínio Gonçalves. 2. ed. Porto Alegre: Sérgio Antonio Fabris Editor, 1992.

CARRAZZA, Roque Antônio. *Curso de direito constitucional tributário*. 19. ed. São Paulo: Malheiros, 2004.

CARVALHO, Paulo de Barros. *Curso de direito tributário*. 16. ed. São Paulo: Saraiva, 2004.

CASTRO, Carlos Alberto Pereira de; LAZZARI, João Batista. *Manual de direito previdenciário*. 5. ed. São Paulo: LTr, 2004.

COELHO, Sacha Calmon Navarro. Estudo breve sobre contribuições sociais às luzes da Constituição de 1988. *Revista de Direito Tributário*, São Paulo, n. 60, p. 96-105, set. 1990.

COSTA, José Guilherme Ferraz da. *Incentivos fiscais na Seguridade Social*, 2004. 191 p. Dissertação (Mestrado em Direito) PUC/SP.

DEVEALI, Mário L. Alguns princípios básicos em matéria de previdência social. *Seguridad Social*, México, n. 4, p. 20-24, ago. 1960.

DESCARTES, René. *Discurso do método*: regras para a direção do espírito. Trad. Pietro Nassetti. São Paulo: Martin Claret, 2000.

GARCIA DE ENTERRÍA, Eduardo. *La constitución como norma y el tribunal constitucional*. 3. ed. Madrid: Civitas, 1985.

FARAG, Cláudio. As limitações constitucionais ao poder de tributar e sua aplicabilidade às multas fiscais. *http://www1.jus.com.br/doutrina/texto.asp?id=2170*. Acesso em: 28 jul. 2005.

FERRAZ JÚNIOR, Tércio Sampaio. *Introdução ao estudo do direito*: técnica, decisão, dominação. 4. ed. São Paulo: Atlas, 2003.

FERREIRA, Sérgio de Andréa. Aspectos básicos do moderno direito das fundações de previdência suplementar. *Revista de Direito Administrativo*, Rio de Janeiro, n. 172, p. 20-36, jun. 1988.

FISCHER, Douglas. *Delinqüência econômica e Estudo Social e Democrático de Direito*. Porto Alegre: Verbo Jurídico, 2006.

FRANÇA, Álvaro Sólon de. A importância da previdência social na economia dos municípios brasileiros e no resgate da cidadania. *Revista Conjuntura Social*/MPS, Brasília, v. 14, n. 1, p. 15-22, dez. 2003.

FRANCO, Afonso Arinos de Melo. *Direito constitucional*: teoria da constituição — as Constituições do Brasil. Rio de Janeiro: Forense, 1976.

GRECO, Marco Aurélio. *Contribuições*: uma figura sui generis. São Paulo: Dialética, 2000.

HARADA, Kyioshi. A batalha contra a MP n. 232/04. *http://www1.jus.com.br/doutrina/texto.asp?id=6576*. Acesso em: 08 jul 2005

HORVATH JÚNIOR, Miguel. *Direito previdenciário*. 4. ed. São Paulo: Quartier Latin, 2004.

KELSEN, Hans. *Teoria pura do direito*. Trad. João Baptista Machado. 6. ed. São Paulo: Martins Fontes, 1998.

KING, Desmond S., O Estado e as estruturas sociais de bem-estar em democracias industriais avançadas. *Novos Estudos*, São Paulo, n. 22, p. 53-76, out. 1988.

LACOMBE, Américo Lourenço Masset. *Princípios constitucionais tributários*. São Paulo: Malheiros, 1996.

LASSALE, Ferdinand. *A essência da constituição*. Trad. Walter Stönner. 2. ed. Rio de Janeiro: Líber Juris, 1988.

LEITE, João Antônio G. Pereira. *Curso elementar de direito previdenciário*. São Paulo: LTr, 1977.

LIGERO, Maria de los Santos Alonso. Los servicios sociales y la seguridad social. *Revista Iberoamericana de Seguridad Social*, Madrid, n. 6, p. 1491-1573. dez. 1971.

MACHADO, Hugo de Brito (Coordenador). *As contribuições no sistema tributário brasileiro*. São Paulo-Fortaleza: Dialética-ICET, 2003.

______. *Curso de direito tributário*. 18. ed. São Paulo: Malheiros, 2000.

______. Destinação do tributo. *http://www.hugomachado.adv.br/artigos/destinacao.html*. Acesso em: 15 jul. 2005.

MARTINS, Sérgio Pinto. *Direito da Seguridade Social*. 20. ed. São Paulo: Atlas, 2004.

MAZZONI, G. Existe um conceito jurídico de seguridade social? Tradução livre da revista italiana/*Problemi della Sicurezza Sociale*, n. 2, mar.-abr. 1967.

MELLO, Celso Antônio Bandeira de. *Conteúdo jurídico do princípio da igualdade*. 3. ed. São Paulo: Malheiros, 2003.

______. *Curso de direito administrativo brasileiro*. 5. ed. São Paulo: Malheiros, 1994.

MELLO, Marcos Bernardes de. *Teoria do fato jurídico*. São Paulo: Saraiva, 1995.

MIRANDA, Jorge. *Manual de direito constitucional*. 3. ed. Coimbra: Coimbra, 1996.

MÜLLER, Friedrich. *Métodos de trabalho do direito constitucional*. Trad. Peter Naumann. 2. ed. São Paulo: Max Limonad, 2000.

NOGUEIRA, Rio. *A crise moral e financeira da previdência social*. São Paulo: DIFEL, 1985.

OLIVEIRA, Francisco de. O surgimento do antivalor: capital, força de trabalho e fundo público. *Novos Estudos*, São Paulo, n. 22, p. 8-28, out. 1988.

PANDOLFO, Rafael. *Fundamentos do direito processual tributário*. São Paulo: Saraiva, 2005.

PEREIRA JÚNIOR, Aécio. A imunidade das entidades beneficentes de assistência social. *http://www1.jus.com.br/doutrina/texto.asp?id=5649*. Acesso em: 05 jul 2005.

PERSIANI, Mattia. *Diritto della previdenza sociale*. Milão: CEDAM, 1998.

PIERDONÁ, Zélia Luiza. *Contribuições para a seguridade social*. São Paulo: LTr, 2003.

PÓVOAS, Manuel Sebastião Soares. *Previdência privada*: filosofia, fundamentos técnicos, conceituação jurídica. São Paulo: FUNENSEG, 1985.

POZZOLO, Susanna. Neoconstitucionalismo y especificidad de la interpretación constitucional. *http://descargas.cervantesvirtual.com/servlet/SirveObras/doxa/23582844322570740087891/cuaderno21/volII/DOXA21Vo.II_25.pdf*. Acesso em: 29 mar 2005.

PULINO, Daniel. *A aposentadoria por invalidez no direito positivo brasileiro*. São Paulo: LTr, 2001.

ROCHA, Daniel Machado da; BALTAZAR JÚNIOR, José Paulo. *Comentários à lei de benefícios da previdência social*. Porto Alegre: Livraria do Advogado, 2004.

ROMANO, Santi. *Princípios de direito constitucional geral*. Trad. Maria Helena Diniz. São Paulo: RT, 1977.

SARLET, Ingo Wolfgang. O estado social de direito, a proibição de retrocesso e a garantia fundamental da propriedade. *http://www.direitopublico.com.br/pdf_4/DIALOGO-JURIDICO-04-JULHO-2001-INGO-SARLET.pdf*. Acesso em: 11 jul. 2005.

SCHULTHESS, Walter E. A iniciativa de Estocolmo: análise do processo de reforma na América Latina. *Conjuntura Social*, Brasília, v. 10, n. 1, p. 99-114, mar. 1999.

SILVA, José Afonso da. *Curso de direito constitucional positivo*. 18. ed. São Paulo: Malheiros, 2000.

UGATTI, Uendel Domingues. *O princípio constitucional da contrapartida na seguridade social*. São Paulo: LTr, 2003.

VELLOSO, Andrei Pitten; ROCHA, Daniel Machado da; BALTAZAR JÚNIOR, José Paulo. *Comentários à lei do custeio da seguridade social*. Porto Alegre: Livraria do Advogado, 2005.

VELLUZZI, Vito. Interpretação sistemática: um conceito realmente útil? *http://descargas.cervantesvirtual.com/servlet/SirveObras/doxa/23582844322570740087891/cuaderno21/volI/Doxa21_05.pdf*. Acesso em: 29 mar. 2005.